TERCERA EDICIÓN

TRIÁNGULO

Aplicaciones Prácticas de la Lengua Española

Manual para Estudiantes

Barbara Gatski
Milton Area High School
Milton, Pennsylvania

John McMullan
The Hotchkiss School
Lakeville, Connecticut

Redacción
Rafael Moyano
The Bishops School
San Diego, California

Arte
Charles D. Noyes
The Hotchkiss School
Lakeville, Connecticut

WAYSIDE PUBLISHING
Suite # 5, 11 Jan Sebastian Way
Sandwich MA 02563
Toll free (888) 302-2519
e-mail: wayside@sprintmail.com

A Nuestros Hijos
Megan y Jenna
Daniel y Beth

Cassette Recordings: **Hagens Recording Studio, Inc.**
Princeton, NJ 08540

PRINTED IN THE UNITED STATES

ISBN 1-877653-74-8

El arte de leer: Vocabulario y gramática II
"Cuerpo sano", Tareixa Enríquez, p. 56, <u>Clara</u>, diciembre, 1997

El arte de leer: Lectura I
"Raid Gauloises Ecuador 98", Jordi Marqués, <u>Mujer21</u>, diciembre, 1998

El arte de leer: Lectura II
"El último jonrón de un gigante", Víctor Baldazón, p. 73, <u>People en español</u>, octubre, 1999.

Capítulo VII

El arte de leer: Vocabulario y gramática I
"Jaque Mate", Michael Bellavia, p. 11, <u>La familia de la ciudad</u>, abril y mayo, 1997

El arte de leer: Vocabulario y gramática II
"Diez lecciones elementales para el tratamiento de imágenes digitales", Antonio Espejo, p. 22, <u>El país</u>, julio, 1999

El arte de leer: Lectura I
<u>El árbol de la ciencia</u>, Pío Baroja, p. 12, Alianza Editorial, 1992

El arte de leer: Lectura II
<u>El árbol de la ciencia</u>, Pío Baroja, p. 12-15, Alianza Editorial, 1992

El arte de escribir: Vocabulario I & II
"Aprender es como un juego para los niños", <u>Más</u>, marzo, 1992

Capítulo VIII

El arte de escuchar: narraciones breves
"Pleitos entre hermanos", Leila Cobo – Hanlon, p. 106, <u>Latina</u>, abril, 1999

El arte de leer: Vocabulario y gramática I
"Comisario femenino y singular", Jesús Duva, p. 71, <u>El País</u>, 20 diciembre, 1997

El arte de leer: Vocabulario y gramática II
"Vida de aciertos", p. 42, <u>People en español</u>, agosto, 1998

El arte de leer: Lectura I
"Donde nacen los sonidos", Caleb Bach, <u>Américas</u>, Vol 45, Nú 1, 1993

El arte de leer: Lectura II
"Ser positiva y vitalista me permitió afrontar el paro", Luis Sánchez Bardón, p. 97-98, <u>Dunia</u>, diciembre, 1997

El arte de escribir: Vocabulario I & II
"De sol a sol", <u>Más</u>, marzo, 1992

El arte de escribir: Vocabulario III
"Sueño realizado", <u>Más</u>, abril, 1993

Capítulo IX

El arte de leer: Vocabulario y gramática I
"Consejos para los padres de la madre de Michael Jordan", Elizabeth Chesla, p. 20, <u>La Familia de la Ciudad</u>, abril y mayo, 1997

El arte de leer: Vocabulario y gramática II
"Vida cotidiana: Recupera los ritos familiares", Marina Rius and M. Rossell, p. 70, <u>Clara</u>, diciembre, 1997

El arte de leer: Lectura I
<u>Misericordia</u>, Benito Pérez Galdós

El arte de leer: Lectura II
<u>La familia de Pascual Duarte</u>, Camilo José Cela, Prentice-Hall, Inc., 1961

El arte de leer: Lectura III
"El dinero importa, pero no lo es todo", Chiori Santiago, <u>Más</u>, marzo, 1993

El arte de leer: Lectura IV
"Mi hermana Antonia", <u>Jardín umbrío</u>, Ramón del Valle-Inclán

El arte de escribir: Vocabulario I
"Las propinas", <u>Más</u>, marzo, 1993

El arte de escribir: Vocabulario II
"La epidemia avanza entre los hispanos", Aliza Lifishitz, M.D., <u>Más</u>, abril, 1993

Capítulo X

El arte de leer: Vocabulario y gramática I
"Planeta rojo", Ignacio F. Bayo, p. 33, <u>El País</u>, 10 enero, 1999

El arte de leer: Vocabulario y gramática II
"El padre de Dolly defiende investigar con embriones humanos con fines médicos; Riesgos para la diversidad", Susana Péres de Pablos, p. 30, <u>El País</u>, 8 julio, 1999

El arte de leer: Lectura II
<u>Matar un ruiseñor</u>, Harper Lee, (translated by Baldoero Porta), pp. 11-13, Plaza & Janés Editores, S.A., 1996

El arte de escribir: Vocabulario I
"Desnudos ante las compañías de seguros", Javier Otero, p. 66, <u>Tiempo</u>, 29 noviembre, 1999.

El arte de escribir: Vocabulario II
"Latinos Anónimos Unidos", <u>Más</u>, marzo, 1992

AGRADECIMIENTOS PARA ESTA EDICIÓN: Agradecemos muchísimo la ayuda, el consejo y, sobre todo, el apoyo de Rafael Moyano, cuya redacción ha pulido la tercera edición y de David Greuel, cuyo interés en nuestro proyecto nos ha animado continuamente. También les mandamos las gracias a nuestros colegas, a Carmen Luna de ETS y a Carolyn Demaray, cuyo texto TRIANGLE ha sido la inspiración de este manual. Sobre todo les agradecemos a los centenares de estudiantes que hemos enseñado a lo largo de nuestra carrera. Ellos son la razón principal por la cual hemos preparado estos manuales.

AGRADECIMIENTOS PARA LAS PRIMERAS EDICIONES: Agradecemos el trabajo y apoyo de Kathleen M. Brautigam, Ninfa O. Edelman, Ana Hermoso, Ángela Janelli, Mariette Reed y Carmen Salazar. Debemos el éxito de las primeras ediciones a sus consejos.

ACKNOWLEGEMENTS: We gratefully acknowledge copyright permissions granted for reproduction of passages from the following:

Más
Univision Publications
605 Third Avenue
12th Floor
New York, NY 10158-0180

Américas Magazine
Organización de los Estados Americanos
17th Street and Constitution Avenue
N.W. Washington, D.C. 20006
"Reprinted from Américas, a bimonthly magazine published by the General Secretariat of the Organization of American States in English and Spanish."

Cambio 16
Hnos. García Noblejas, 41
28037 Madrid, España

AP directions selected from 1998 Spanish Language Advanced Placement Examination, College Entrance Examination Board, 1998. Reprinted by permission of Educational Testing Service, the copyright owner of the test questions. Permission to reprint AP Exam directions does not constitute review or endorsement by Educational Testing Service or the College Board of this publication as a whole or of any other questions or testing information it may contain.

UNAS PALABRAS PARA EL ESTUDIANTE

El estudiante, su profesor y este texto son los tres elementos que comprenden este proyecto múltiple. Como las pirámides del antiguo Egipto, el triángulo es la forma arquitectónica que sostiene y refuerza estos antiguos y grandes monumentos dedicados a la labor humana. TRIÁNGULO va a servir de base en la preparación del estudiante para exámenes avanzados como el examen de Advanced Placement. El profesor y el texto, que están en los ángulos inferiores, por supuesto, forman la fundación que sostiene al estudiante, que está en el ángulo superior del triángulo. La cooperación mutua entre estos tres elementos beneficia al estudiante. La interdependencia que representa este triángulo puede realizar un programa que sea una de las ocho maravillas del mundo.

Tú, el estudiante, has llegado a cierto nivel de comprensión del español, una lengua que no es la tuya. Poco a poco has desarrollado tu capacidad de comprender oralmente, de hablar con fluidez, de leer con perspicacia y de escribir con claridad. Por lo menos sabes comunicarte en un español claro y simple. Hasta ahora has tenido que aprender etapa por etapa, formándote una base sólida. Y ahora quieres dar un salto más hacia adelante para subir a la cima de esta empresa que tanto te fascina. Con la ayuda de este libro y tu profesor vas a continuar este proceso vital y creador.

Los autores hemos escrito este manual para proporcionarte a vista de pájaro el examen de Advanced Placement y para ayudarte a subir a un nivel más avanzado de conocimiento del español. Para realizar esta meta hemos puesto mucho énfasis en la adquisición de vocabulario. Por lo tanto, este libro no sirve sólo en la preparación para un examen específico sino en el mejoramiento general del dominio del idioma español. Seguimos el formato y organización del examen de lengua Advanced Placement. El vocabulario que utilizamos en cada ejercicio corresponde en su mayor parte al tema del capítulo. Hemos elegido unos de los temas más destacados de la vida cotidiana. Por ejemplo, el tema del primer capítulo es el hogar e incluye lo que se hace, se ve y se huele en la casa: muebles, quehaceres, comida, etc. Te invitamos a repasar y a aprender una gran cantidad de vocabulario mientras te acostumbras a los distintos tipos de ejercicios que comprenden el examen de lengua Advanced Placement.

Un examen como el de lengua Advanced Placement es muy comprensivo y, a nuestro parecer, presenta muchas importantes oportunidades que tú puedes aprovechar mostrando tu conocimiento de español. Creemos también que no puedes lograr el progreso sin esfuerzo, dedicación y entusiasmo y tu deseo de mejorar tu dominio del idioma. Por eso, los autores esperamos que con la ayuda de este libro TRIÁNGULO y la destreza y el entusiasmo de tus profesores, realices tus sueños académicos.

Buena suerte.

BSG
JWM

ÍNDICE GENERAL

ABOUT THE AUTHORS

Barbara Gatski teaches AP Spanish Language as well as other upper level Spanish courses in the Milton Area High School in Milton, Pennsylvania where she is Head of the Language Department. She is a Table Leader (trainer of correctors) for the Advanced Placement Spanish Language Examination, specializing in the correction of the spoken section. Barbara has her BS in Spanish from Lock Haven University and her Masters Degree in Spanish Literature and Language from Middlebury College. She has taken numerous students to Spain on educational trips over the past seventeen years. She has been involved in many professional organizations and workshops as well as been a consultant on the teaching of Spanish.

John McMullan teaches Spanish at The Hotchkiss School in Lakeville, Connecticut where he has been Head of the Modern Languages Department. He has taught Advanced Placement Literature and Language for many years. He has been a consultant and is now an administrator for correction of the Advanced Placement Spanish Language Exam, overseeing setting of the criteria for the correction of the spoken portion of the exam. He has his BA in Spanish from Hamilton College and his Masters Degree from Middlebury College. John has been a chief writer for the College Board's *Teacher's Guide to Advanced Placement Courses in Spanish Literature*. He has co-authored *Bravo III* for McDougal-Littell and the *High School Study Guide* for McGraw-Hill's *Destinos*. He has given a number of workshops and presentations on the teaching of Spanish language and literature.

CAPÍTULO I

EL HOGAR

Por estar enfermo Pablo **guardó cama** por tres días la semana
pasada. Su hermano Pablo, sin embargo, **goza de** buena salud y
nunca está enfermo.

Me gusta **probar** mi comida antes de ponerle sal.
Siempre **me pruebo** un abrigo antes de comprarlo.

A los profesores nunca les **sobra** tiempo para preparar las clases.
El lunes comemos **las sobras** de las comidas del domingo.

Antes de comer yo mismo, **le doy de comer** a mi perro. Pero
nunca **me lo agradece.**

Estos pantalones **te ciñen** mucho. Además su color
repugnate **me da asco.**

CUARTOS	ROPA		MUEBLES	
comedor (m)	**blusa**	**falda**	archivo	ropero
dormitorio	**bombachas**	**gorro**	armario	silla
oficina	**botas**	**pantalones** (m)	banco	sillón (m)
salón (m)	**camisa**	**traje** (m)	cama	
zaguán (m)	**camiseta**	**vestido**	escritorio	
	chaqueta		estante (m)	

?

JUEGOS DE PALABRAS

Los cuartos tienen <u>**rincones**</u>; las call<u>e</u>s tienen <u>**esquinas.**</u>

En el cubo hay **agujeros** redondos por donde salen chorros de agua.
En las paredes ruinosas de una catedral hay **grietas** lineales.
En la tierra y en los campos de golf hay **hoyos** redondos.

La **etiqueta** de esta chaqueta de **etiqueta** dice que es del Corte Inglés.

El cuarto tiene cuatro **paredes** pero la casa puede tener varios **muros**
exteriores. Alrededor de la casa a veces se encuentra **una cerca** no muy alta.

Se parte el pan en **rebanadas,** el jamón en **lonjas,** otras carnes en **tajadas;**
hay **rodajas** de fiambres; y **rajas** de queso, pescado y frutas.

El suelo del baño del segundo **piso** está mojado.

EL HOGAR

Barriga llena, corazón contento.

1

EL HOGAR

DESCRIPCIONES

un piso amueblado
una sala ancha
una oficina climatizada
una cocina limpia
la privacidad de la propiedad
un baño sucio
un jardín urbano
una vista al mar
una vivienda de lujo

PERSONAS

anfitrión/a
cocinero/a
criado/a
empleado/a
familia
familiares (m,f)
huéspedes (m,f)

QUEHACERES

barrer el suelo
cepillar las alfombras
cortar la leña
cuidar de los niños
fregar las ollas
limpiar los cristales
planchar los pañuelos
recoger el correo
sacar la basura
sacudir las almohadas
secar los platos
poner la mesa
quitar la mesa

HERRAMIENTAS

cepillo
destornillador (m)
escoba
martillo
pinzas
sierra

APARATOS

electrodomésticos
enchufe (m)
estufa
horno
lavaplatos
lavadora
línea de teléfono
microondas (m)
ordenador (m)
secadora

PLATOS

asados
bocadillos
bombones (m)
bullabesa
caldo
guisado
paella
pastas
queso
salsa
tortilla
yogur (m)

CUBIERTOS

TAZA   COPA

SERVILLETA   TENEDOR (m)   PLATO   CUCHILLO   CUCHARA

CONTENIDO

colesterol (m)
digestivos
fibra
fécula
grasa
hierba
proteína
sacarina
vitaminas

POSTRES

churros
conos
galletas
helado
merengue (m)
nata
pasteles (m)
tarta
torta

HIERBAS

albahaca
cebolleta
comino
menta
perejil (m)
romero
tomillo

MEDIDAS

cucharada
kilogramo
kilo
ración (f) de gambas
trozo de torta
tamaño
talla

EL JARDÍN

hiedra
regar
sembrar
semilla

H O G A R

CUARTOS: **h**abitación (f)   **o**ficina   **g**araje (m)   **a**lcoba   **r**etrete (m)
COMIDAS: **h**elado   **o**livas   **g**ranos   **a**lcachofas   **r**equesón (m)
LA COCINA: **h**orno   **o**llas   **g**rifo   **a**paratos   **r**ecetas

2

DESCRIPCIÓN DE COMIDA

agrio/a
alimenticio/a
apetecible
culinario/a
delicioso/a
dietético/a
dulce

equilibrado/a
esponjoso/a
estupendo/a
exquisito/a
hidrogenado/a
higiénico/a
jugoso/a

cocido/a
crudo/a
saludable
variado/a
vegetariano/a

COMIDAS

VERDURAS

apio
bróculi (m)
rábanos
zanahoria

CONDIMENTOS

aceite (m)
ajo
azafrán (m)
cebolla
escabeche (m)
hebras
hongos
pimienta
manteca
mantequilla
vinagre (m)

AVES (F)

muslo
pavo
pollo
pato
pechuga

PESCADOS

calamares (m)
camarones (m)
gambas
mariscos
pulpo
trucha

ESPECIAS

azúcar (m)
chocolate (m)
coco

FRUTAS

cerezas
dátiles (m)
fresas
melocotón (m)
pasas
sandía

CARNES (F)

cerdo
chuleta
cochinillo
cordero
crudo
res (f)
salchicha
ternera

Y MÁS

alimentar
alimento
aluminio
amarillo/a
anaranjado/a
apetito
aroma (m)
arroz (m)
arquitectónico/a
bodega
bolsillo
cerámica
cimiento
congelar
crianza
cuido
cultivo

dieta
digestivos
encender
enfriar
enseres (m)
envolver
escaleras
esmalte (m)
estimulante
estimular
exterior
fachada
fondo
fuego
fundir una bombilla
gamas de colores
grano

hiedra
inmobiliario/a
lino
lugar (m)
madera
mascota
materiales (m)
moler
muñecas
pedazo
perfume (m)
picado/a
picaportes (m)
piezas
planta baja
polvo
portal (m)

prender
probar
reparar
salón (m)
sastreril
satinado/a
sazonar
seda
tela
teñir
umbral (m)
vidrio

El arte de escuchar: Diálogos cortos

Instrucciones: Ahora vas a escuchar una serie de diálogos. Después de cada diálogo se te harán varias preguntas sobre lo que acabas de escuchar. Para cada pregunta elige la mejor respuesta de las cuatro opciones escritas en tu libreta de examen y rellena el óvalo correspondiente en la hoja de respuestas.

NOW GET READY FOR THE FIRST DIALOGUE

Diálogo I

1. (A) En la casa de la señora.
   (B) En la habitación de la hija.
   (C) En la oficina del dentista.
   (D) En la calle.

2. (A) Que acompañe a su hija a la oficina del dentista.
   (B) Que reciba una medalla de oro.
   (C) Que limpie la cocina también.
   (D) Que ordene la habitación de su hija.

3. (A) Estudia en su alcoba.
   (B) Está visitando al dentista.
   (C) Está ordenando la cocina.
   (D) Recibe un premio importante.

4. (A) Que no tiene bastante energía para hacerlo.
   (B) Que la hija lo debería haber ordenado.
   (C) Que será muy difícil.
   (D) Que merece un sueldo más generoso.

5. (A) Es muy organizada.
   (B) Es mimada.
   (C) Siempre llega tarde a casa.
   (D) Se parece a su madre.

NOW GET READY FOR THE SECOND DIALOGUE

Diálogo II

1. (A) Porque el Sr. Santocampo espera que les muestren compasión a los animales.
   (B) Porque al chico no le gustan ni la carne, ni los mariscos ni el pavo.
   (C) Porque su madre acaba de preparar un guisado para la cena.
   (D) Porque el chico quiere participar en un partido importante.

2. (A) Es un hombre que está encargado de un deporte.
   (B) Es un especialista en dietética.
   (C) Es otro atleta del mismo equipo.
   (D) Fue un entrenador que participó en un torneo olímpico.

3. (A) Porque tienen mejores propiedades sanas.
   (B) Porque tienen más fécula.
   (C) Porque tienen más grasa.
   (D) Porque tienen más fibra.

4. (A) Un buen postre de helado de chocolate y nata.
   (B) Un plato combinando de carne y verduras.
   (C) Varios platos de bróculi y zanahorias.
   (D) El plato tradicional de camarones, pollo y azafrán.

5. (A) Los animales son inferiores a los seres humanos.
   (B) Su carne les provee energía extra a los atletas.
   (C) Un poco de grasa es importante en la dieta.
   (D) Las verduras han sido menos importantes en la dieta tradicional.

El arte de escuchar: Narraciones breves

Instrucciones: Ahora escucharás una serie de narraciones breves. Después de cada narración se te harán varias preguntas sobre lo que acabas de escuchar. Para cada pregunta elige la mejor respuesta de las cuatro opciones escritas en tu libreta de examen y rellena el óvalo correspondiente en la hoja de respuestas.

NOW GET READY FOR THE NARRATIVE

1. (A) Para tener un ambiente personal limpio y libre de juguetes.
   (B) Para poder aliviar a los padres de todo trabajo doméstico.
   (C) Para poder encargarse de más responsabilidades cuando sean mayores.
   (D) Para poder tener menos tiempo de encontrarse en apuros.

2. (A) Dar de comer a las mascotas.
   (B) Tomar decisiones sobre las vacaciones.
   (C) Cuidar de sus juguetes.
   (D) Cocinar la cena.

3. (A) Ayuda para los hermanos menores a hacer sus quehaceres.
   (B) Consejos para los padres sobre el presupuesto familiar.
   (C) Planes de actividades deportivas para los hijos menores.
   (D) El cuidado de los hijos más pequeños.

4. (A) El regar las plantas y el dar de comer a las mascotas.
   (B) El cuidado de su propio entorno.
   (C) La ayuda mutua.
   (D) El desarrollo de hábitos higiénicos.

El arte de escuchar: Selecciones extendidas

Instrucciones: Ahora escucharás una selección de unos cinco minutos de duración. Se te recomienda tomar apuntes en el espacio en blanco de esta hoja. Estos apuntes no serán calificados. Al final de la selección leerás una serie de preguntas sobre lo que acabas de escuchar. Basándote en la información de la selección, elige la MEJOR respuesta a cada pregunta de las cuatro opciones impresas en tu libreta de examen y rellena el óvalo correspondiente en la hoja de respuestas.

NOW GET READY FOR THE SELECTION

Instrucciones: Ha terminado esta selección. No se leerán las preguntas en voz alta, pues las tienes impresas en tu libreta de examen. Ahora pasa a la sección de **El arte de escuchar: Selecciones extendidas** para Capítulo 1 y empieza a trabajar. Te quedan cuatro minutos para elegir las respuestas correctas.

1. ¿A quién entrevista el comentarista?
   (A) A un ingeniero de casas.
   (B) A un amigo de su hija.
   (C) A un arquitecto famoso.
   (D) A un diseñador de jardines.

2. ¿Dónde se construirá la casa?
   (A) En un bonito árbol.
   (B) En un huerto rural.
   (C) En un coto campestre.
   (D) En un suburbio urbano.

3. ¿Para quién será la casa?
   (A) Para el arquitecto.
   (B) Para el perro del arquitecto.
   (C) Para la esposa del arquitecto.
   (D) Para la hija del arquitecto.

4. ¿De qué se compondrá la casa?
   (A) De dos habitaciones y dos escaleras.
   (B) De una sala y un despacho.
   (C) De dos habitaciones y un comedor.
   (D) De una alcoba y una sala.

5. ¿Con qué debe conformar el estilo de la casa?
   (A) Con lo clásico.
   (B) Con lo contemporáneo.
   (C) Con el medio ambiente natural.
   (D) Con los deseos de la hija.

Practicando el Vocabulario

Instrucciones: Ya no se incluye esta parte en el examen de AP. Sin embargo, te la presentamos de práctica. Esta parte consiste en una serie de oraciones incompletas, cada una de las cuales ofrece cuatro posibles opciones para completarlas. Elige la opción más apropiada.

Sección I

1. Por toda la sala . . . a ajo y a cebolla aumentaba.
   - (A) el fuerte
   - (B) el alimento
   - (C) el olor
   - (D) la cucharada

2. Es buena idea . . . bien la comida que sobra.
   - (A) quemar
   - (B) congelar
   - (C) promover
   - (D) agregar

3. Los invitados no saben cómo van a . . . a la oscuridad.
   - (A) adaptarse
   - (B) apagar
   - (C) encender
   - (D) pegarse

4. Para encender el fuego, Elena buscó . . .
   - (A) un relámpago.
   - (B) un trueno.
   - (C) una cerilla.
   - (D) un vidrio.

5. La anfitriona . . . la mesa y su esposo prepara las bebidas.
   - (A) sienta
   - (B) pone
   - (C) mete
   - (D) acaba

6. Cubra el arroz con queso rallado y . . . durante una hora.
   - (A) hornéelo
   - (B) mézclelo
   - (C) córtelo
   - (D) licúelo

7. Para . . . los huéspedes se besan y se dan la mano.
   - (A) saludarse
   - (B) entrenarse
   - (C) gritarse
   - (D) guardarse

8. . . . Es posible que te cortes con este cuchillo.
   - (A) ¡Ahí!
   - (B) ¡Felicitaciones!
   - (C) ¡Cuidado!
   - (D) ¡Gracias!

9. Se ha fundido . . . Tráigame una nueva, por favor.
   - (A) la lámpara
   - (B) la bombilla
   - (C) la torta.
   - (D) la chuleta.

10. Todos iban muy bien vestidos; . . . trajes elegantes.
    - (A) se estaban enrojeciendo
    - (B) se estaban iniciando
    - (C) estaban aconsejando
    - (D) estaban luciendo

Sección II

1. Quiero que pongas las patatas en el horno a las siete. Voy a . . . en papel de aluminio por ti.
   - (A) mezclarlas
   - (B) cortarlas
   - (C) envolverlas
   - (D) enfriarlas

2. Si la tarta de calabaza se cocina demasiado rápido, . . . la temperatura del horno.
   - (A) baje
   - (B) saque
   - (C) añade
   - (D) reserve

3. Mamá, no quiero hacerlo; que . . . Carmen la tortilla del horno.
   - (A) triture
   - (B) saque
   - (C) sazone
   - (D) reparta

4. ¡Este guisado es fabuloso! ¡Está . . .
   ..stew
   - (A) congelado!
   - (B) exquisito!
   - (C) pasmado!
   - (D) cuajado!

5. Nuestra madre nos dijo que . . . un poco de los vegetales antes de dejar la mesa.
   - (A) probáramos – _prove, test, try_
   - (B) quedáramos – _stay_
   - (C) cosiéramos – _sew, stitch_
   - (D) estiráramos – _stretch, extend_

6. Los marcianos aterrizan en su . . . espacial. _land_ _space/spatial_
   - (A) nave – _ship_
   - (B) estante – _shelf_
   - (C) bota – _boot_
   - (D) hongo – _fungus_

7. La comida ha llegado y Marta les dice a sus hermanos, . . .
   - (A) ¡Buen provecho! – _good benefit_ _thanks to God_
   - (B) ¡Es más buena que el pan!
   - (C) ¡No es justo! – _It's not fair_
   - (D) ¡Son uña y carne!

8. El dietético me recomendó una dieta . . .; un poco de cada uno de los cuatro grupos alimenticios.
   - (A) insuficiente
   - (B) salada
   - (C) equilibrada – _balanced_
   - (D) ahumada

9. A los jóvenes les . . . las legumbres; ¡no quieren ni verlas!
   - (A) fascinan
   - (B) encantan
   - (C) dan asco
   - (D) tienen celos

10. Compré las frutas que me pediste: las cerezas, los melocotones, la sandía, y . . .
    - (A) los hongos.
    - (B) la trucha.
    - (C) el apio.
    - (D) los dátiles.

1. Para bajar de peso, se debe . . . comer dulces.
   (A) evitar
   (B) gozar
   (C) probar
   (D) intentar

2. El ejercicio aeróbico es para . . .
   (A) aumentar de peso.
   (B) estar en forma.
   (C) empeorar la condición física.
   (D) engordarse.

3. Petra, si quieres satisfacer tus ansias de algo dulce, pide . . .
   (A) churros y chocolate.
   (B) una pechuga de pollo.
   (C) una ensalada en escabeche.
   (D) una salchicha.

4. Margarita siempre usa sacarina en vez de . . .
   (A) sal. *salt*
   (B) galleta. *cookie*
   (C) azúcar. *sugar*
   (D) pajita. *straw*

   veggies   cooked
5. Si no quieren comer las verduras cocidas, pueden comerlas . . .
   (A) picadas. *-minced*
   (B) crudas. *-raw*
   (C) estofadas. *stew*
   (D) molidas. *grinded*

   give away
6. No se debe regalarle . . . a una persona que está a dieta.
   (A) perfume *perfume*
   (B) fruta *fruit*
   (C) bombones *chocolate*
   (D) yogur *yogurt*

7. El médico me recomendó que no comenzara una dieta de . . . Me sugirió que lo hiciera poco a poco.
   (A) grasa. *-grease*
   (B) muchas calorías. *- high cal.*
   (C) golpe. *all at once*
   (D) balance. *-balanced*

8. Una dieta solamente de arroz parece . . .
   (A) variada. *- varied*
   (B) monótona. *- monotonous*
   (C) instantánea. *-instantaneous*
   (D) jugosa. *- juicy*

   food   reduce   contract
9. Incluya alimentos ricos en vitaminas para disminuir . . . de contraer algunas enfermedades.
   (A) el riesgo *-risk*
   (B) el afán *- desire*
   (C) el consumo *- consumption*
   (D) el anhelo *- desire*

10. Tengo ganas de . . . Voy a la cancha de tenis.
    (A) aflojarme.
    (B) entrenarme.
    (C) torcerme el tobillo.
    (D) matricularme.

Practicando la Gramática

4

Instrucciones: <u>Ya no se incluye esta parte en el examen de AP. Sin embargo, te la presentamos de práctica.</u> En esta parte, debes elegir la palabra o frase que completa la oración correctamente.

1. Naturalmente, a mamá le gustaría que yo . . . el cuarto cuanto antes.
   - (A) limpie ✓
   - (B) limpia
   - (C) limpiara ✓
   - (D) limpió

2. Voy a sacudir los muebles, pero cuando . . . , me marcho.
   - (A) termino
   - (B) termine
   - (C) terminaré
   - (D) terminaría

3. La empleada acaba . . . limpiar la cocina.
   - (A) de
   - (B) a
   - (C) que
   - (D) en

4. Al . . . a los pantalones vaqueros, los jóvenes dicen que "cuanto más ceñidos, mejor".
   - (A) refiriéndose
   - (B) referirse
   - (C) se refieren
   - (D) se refirieron

5. La eficacia con . . . el microondas cocina es algo que todavía me sorprende.
   - (A) el que
   - (B) lo cual
   - (C) lo que
   - (D) la cual

6. Según la receta: lave bien los ingredientes; y . . .
   - (A) los escurre.
   - (B) escúrralos.
   - (C) los mezcla.
   - (D) mézclalos.

7. A los huéspedes no . . . el ajo.
   - (A) le gusta
   - (B) les gustan
   - (C) le gustan
   - (D) les gusta

8. Déjela reposar cinco minutos hasta que . . . esponjosa.
   - (A) estará
   - (B) estaría
   - (C) esté
   - (D) está

9. Este banco de madera está preparado para resistir siete . . . ocho veranos calurosos.
   - (A) o
   - (B) ni
   - (C) u
   - (D) y

10. ¿Te has . . . el gorro y la chaqueta?
    - (A) puestos
    - (B) puesto
    - (C) poniendo
    - (D) pones

El arte de leer: Vocabulario y Gramática

Instrucciones: En cada uno de los siguientes pasajes se encuentran espacios en blanco donde se han omitido palabras o frases. Cada espacio en blanco tiene cuatro posibles opciones para completarlo, de las cuales sólo una es correcta.

Primero lee el pasaje rápidamente para determinar la idea general. Después léelo de nuevo detenidamente. Para cada espacio en blanco, elige la opción más apropiada de acuerdo al contexto del pasaje y rellena el óvalo correspondiente en la hoja de respuestas.

Sección I

En esta época en __(1)__ vivimos, es muy raro que en el hogar no __(2)__ un ordenador. Estamos en __(3)__ del siglo XXI y vemos que la electrónica va __(4)__ todos los aspectos de la vida incluso la felicidad familiar. ¿Cómo crearemos un apetecible rincón tecnológico dentro de nuestro hogar? Para no perder tiempo ni dinero, es importante comprar el mejor equipo. En una libreta __(5)__ los precios de las varias tiendas para que __(6)__ los mejores. Los siempre listos __(7)__ adquirir un mostrador ancho, un amplio archivo, y por supuesto, suficientes enchufes.

Y, ¿dónde los __(8)__ ? ¿En una oficinita en la alcoba? Los expertos le aconsejan al marido que evite __(9)__ para mantener una buena relación con su esposa. La cocina o el salón de familia __(10)__ deben parecer un mejor lugar para los aparatos electrónicos. Todo es cuestión de __(11)__. Si hay equipo en muchas piezas __(12)__, esto va a causar confusión. Por eso es aconsejable que en un solo escritorio de mucho espacio y con tablas transversales la familia __(13)__ todos los sobres, las hojas, y los materiales no sólo de la casa __(14)__ de la oficina. Por supuesto, también hay que considerar la unidad de color y muebles para ayudar a formar un "todo". Pronto este rincón de la casa __(15)__ conectado a todos los lugares del mundo.

1. (A) lo que
   (B) el cual
   (C) la que
   (D) quien

2. (A) haya
   (B) habrá
   (C) hay
   (D) hubo

3. (A) el presupuesto
   (B) el rábano
   (C) la leña
   (D) el umbral

4. (A) planchando
   (B) dominando
   (C) tostando
   (D) agregando

5. (A) anoten
   (B) sequen
   (C) enciendan
   (D) barran

6. (A) recibiremos
   (B) recibir
   (C) recibíamos
   (D) recibamos

7. (A) habían querido
   (B) querrán
   (C) quisieron
   (D) hayan querido

8. (A) colocamos
   (B) rallamos
   (C) sacudimos
   (D) licuamos

9. (A) esto
   (B) ésta
   (C) aquel
   (D) ése

10. (A) la
    (B) le
    (C) les
    (D) los

11. (A) organizarse
    (B) organizándose
    (C) se organizarán
    (D) se organizasen

12. (A) asadas
    (B) dispersas
    (C) agrias
    (D) vacias

13. (A) doble
    (B) haga
    (C) guarde
    (D) valga

14. (A) pero
    (B) aun
    (C) sino
    (D) ni

15. (A) había estado
    (B) esté
    (C) estará
    (D) estuvo

Sección II

Venga Ud. a soñar con __(1)__ último grito en residencias. ¡Hay que __(2)__ ! ¿Le gustaría __(3)__ el espacio? ¿Quizás un duplex inventado? ¡__(4)__ fácilmente una piscina interior climatizada! Se venden completamente amueblados o __(5)__ Ud. mismo los muebles. No es difícil a menos que se trate de una cama estilo borbón. Utilizar colores de fondo en las paredes de los dormitorios no impide que Ud. no emplee __(6)__ tonos suaves. Tal vez un esmalte o un satinado blanco. ¡Podemos ayudarle a una decoración completa! Según el plano que __(7)__ ofrecemos, hay suficiente espacio para __(8)__ colocar todo perfectamente. También para poder organizarse aún más, __(9)__ en él únicamente lo relacionado con la eficiencia en el hogar. ¡Abra Ud. la puerta juvenil con __(10)__ de latón! __(11)__ a "CASITAS Y JUGUETES" 01.22.33.02. ¡Las delicias de sus hijos! (No se __(12)__ las muñecas.)

1. (A) lo
   (B) las
   (C) el
   (D) le

2. (A) verla
   (B) verles
   (C) verlo
   (D) verlas

3. (A) derrumbar *demolish*
   (B) mejorar *improve*
   (C) prender *fasten*
   (D) secuestrar *abduct*

4. (A) Añade *add-presente*
   (B) Haya añadido
   (C) Añadiendo *gerundio*
   (D) Añada *subjuntivo*

5. (A) se fabrica
   (B) fabricarse
   (C) fabríquese
   (D) fabricándose

6. (A) más que
   (B) más de
   (C) o
   (D) sino

7. (A) lo
   (B) la
   (C) le
   (D) usted

8. (A) puede
   (B) podido
   (C) pueda
   (D) poder

9. (A) ponga
   (B) pone
   (C) poniendo
   (D) puso

10. (A) picapleitos *lawsuit*
    (B) picaportes *latch, door han...*
    (C) picamaderos *lumber*
    (D) picapedrero *quarry*

11. (A) Llamando
    (B) Llamaba
    (C) Llame
    (D) Llámese

12. (A) incluye
    (B) incluyan
    (C) incluyen
    (D) incluya

Se Vende

El arte de leer: Gramática incorrecta

Instrucciones: En las siguientes oraciones, debes elegir la parte que hay que CAMBIAR para que la oración sea gramaticalmente correcta.

1. <u>Eran</u> las seis de la mañana y mi mamá <u>entró</u> <u>sonriendo</u> en mi habitación para
      a   b   c
   <u>me levantara</u>.
      d

2. ¿Por qué necesitamos <u>cepillarnos</u> <u>nuestros</u> dientes, mami? Tenemos <u>mucho</u> sueño y
                             a   b   c
   queremos <u>acostarnos</u> pronto.
          d

3. Cuando <u>regresamos</u> a casa vamos a <u>lavar</u> la ropa y <u>preparar</u> la comida antes de que
              a   b   c
   <u>llegue</u> papá.
     d

4. Al <u>llegando</u> a casa mi hermano <u>buscó</u> el destornillador para <u>reparar</u> el estante que
       a   b   c
   <u>se había roto</u> ayer.
      d

5. Cuando <u>era</u> niña, mis padres <u>querían</u> que <u>llevaba</u> ropa juvenil y no la de <u>los</u> que
         a   b   c   d
   tenían diez y seis años.

6. No tengo tiempo <u>de</u> <u>hacerlo</u> ahora porque estoy <u>para</u> salir y me <u>falta</u> pocos minutos.
                  a   b   c   d

7. Mi hermana siempre me <u>pide</u> <u>prestado</u> la falda azul y siempre <u>le</u> contesto en voz
                       a   b   c
   <u>alta</u>. "¡NO!"
     d

8. Voy a <u>decirle</u> al dependiente que puedo pagar veinte dólares <u>para</u> el ropero que
         a   b
   <u>queda</u> en el <u>segundo</u> piso.
     c   d

9. Salió <u>corriendo</u> <u>de</u> la casa sin <u>poniéndose</u> la chaqueta <u>ni</u> las botas.
            a   b   c   d

10. Anoche, <u>a eso de</u> las once, <u>fui</u> a la cocina <u>para</u> una taza de leche <u>caliente</u>.
            a   b   c   d

El arte de leer: Lectura

Lectura I

Para los niños no es siempre fácil aceptar nuevos platos. Hace un año estábamos mi familia y yo en La Paellera, un restaurante de Valencia de mucho renombre. Habíamos pedido una paella, quizá el plato más conocido en toda España.

—Papi, ¿por qué tiene el arroz un color amarillo?, me interrogó mi hijita menor, sospechando
5 que el cocinero había destrozado el único ingrediente que de veras quería meter en la boca.

¿Cómo explicarle lo que es el azafrán a una nena de cuatro años? Es el ingrediente esencial de la paella y lo que la diferencia de cualquier otro plato español. ¿De dónde viene y cuál es su historia?

Aunque la palabra azafrán es árabe, su uso data de los griegos, quienes lo usaban para
10 condimentar varios alimentos y para elaborar medicamentos porque se le atribuían propiedades estimulantes de los jugos digestivos y del apetito. También se utilizaba para teñir ropa de un color intenso y atractivo. Este exótico condimento viene de la planta Crocus Sativus a través de una gran labor manual. La flor no contiene más que tres hebras de azafrán que unas mujeres, llamadas recolectoras, sacan y secan a mano. Debido al hecho que una
15 recolectora de mucha destreza sólo puede recolectar las hebras de más o menos 11.000 flores en un día y que se requieren las hebras de entre 60.000 y 70.000 flores para producir medio kilogramo, no es sorprendente que el trabajo sea arduo y que sea la hierba más cara del mundo.

Un mito griego habla de Crocos, un amigo de Mercurio. Un día mientras los dos jugaban con
20 un disco, aquél sufrió una herida mortal en la frente por un lanzamiento errante de éste. De la sangrienta herida brotó una hermosísima flor de color amarillo anaranjado.

No es España el único productor de azafrán pero es el mayor. Además produce el mejor azafrán porque los pequeños pistilos son los más largos y contienen altos niveles de aceites y pigmentos. Así el azafrán español muestra colores, sabores y aromas distintivos que se
25 codician en todo el mundo. Hay sólo unas semanas entre octubre y noviembre cuando se puede cosechar el azafrán en su momento de mayor calidad. Si no se recolecta durante este período de oportunidad se pierde para siempre.

Aunque es imposible producir paella, arroz a la milanesa y sopa bullabesa sin azafrán, se utiliza en una vasta gama de platos. Por ejemplo, se recomienda en combinación con guisados,
30 sopas, varias pastas y carnes de pescado, mariscos, cerdo y pato. Sin embargo, no es recomendable usarlo con carne de res.

Después de darme esta información, el jefe Gustavo me reveló uno de sus secretos culinarios. Para mejorar y destacar el sabor y aroma del azafrán antes de agregarlo a cualquier plato, el cocinero envuelve las hebras en un pedazo de hoja de aluminio y las calienta y tuesta a fuego
35 bajo. Luego, tritura las hebras, convirtiéndolas en polvo para distribuirlas en el plato que está preparando. Allí las deja reposar unos minutos para soltar su exquisita esencia. Así produce el arroz del color que había asustado tanto a mi hija.

1. ¿Qué es el azafrán?

   (A) Es una hiedra.

   (B) Es una hierba.

   (C) Es una herida.

   (D) Es una hidra.

2. ¿De dónde se recoge el azafrán?

   (A) De los pétalos de una flor.

   (B) De las semillas de una flor.

   (C) De los tallos de una flor.

   (D) De los pistilos de una flor.

3. Según el mito griego, Crocos murió

   (A) de un golpe al azar.

   (B) de una caída accidental.

   (C) de un lanzamiento fortuito.

   (D) de una ataque improvisto.

4. Para cosechar el azafrán

   (A) es necesaria la frescura de la noche.

   (B) las recolectoras deben tener dedos fuertes.

   (C) es preciso estimular los jugos digestivos.

   (D) hay que recolectarlo a mano.

5. Como la producción del azafrán requiere un gran esfuerzo,

   (A) las recolectoras sufren muchas privaciones.

   (B) hasta Mercurio diría que no vale la pena.

   (C) todo el mundo codicia su color y sabor.

   (D) vale más que otro condimento cualquiera.

6. No se recomienda el azafrán para

   (A) las aves.

   (B) la ternera.

   (C) los pescados.

   (D) el cochinillo.

7. Para mejorar las cualidades del azafrán, se puede

   (A) soltar en una sartén.

   (B) secar y moler antes de agregarlo.

   (C) recolectar en octubre y noviembre.

   (D) desleír en gambas al ajillo.

Lectura II

Hoy en día vivimos en una época de pluralismo sastreril. Pero al referirse a los pantalones, muchos se adhieren al adagio de que "cuanto más anchos, mejor". Quienes estén de acuerdo con este criterio, deben considerar comprarse un par de bombachas, los tradicionales pantalones de los gauchos. Su amplitud hace que sean cómodos para
5 cualquier situación, activa o pasiva, y su tela resistente y utilitaria hace que parezcan durar para siempre. Su botamanga abotonada en el tobillo protege del polvo, los insectos, las ramas y hasta permite no perder las monedas si se tiene un agujero en el bolsillo. Si bien el Cono Sur ofrece las mejores bombachas, también pueden comprarse en otros lugares, aun en catálogos por correo.

10 Abundan las teorías acerca del origen de las bombachas. El novelista argentino Ernesto Sábato prefiere una teoría universalista que sugiere que muchos pueblos de a caballo como los mongoles y los cosacos preferían usar ropas que permitían la libertad de movimientos. De manera que era inevitable que los campesinos de la Argentina, el Uruguay, el Paraguay y aun del sur del Brasil utilizaran estos pantalones anchos.

15 Una tesis alternativa es la de Eduardo Falú, el gran guitarrista y compositor del norte de la Argentina. Falú, de ascendencia siria, apunta al Cercano Oriente, probablemente Turquía, como el origen de las bombachas. En su opinión, un embarque de pantalones que se había dirigido a las tropas del Pashá o un excedente de guerra al finalizar la guerra de Crimea fue a dar al río de la Plata y allí sembró la semilla.

1. ¿Cuál es la principal actitud actual hacia la ropa?
   (A) Es una actitud insólita.
   (B) Hay muchos diferentes gustos personales.
   (C) Los pantalones anchos son los más deseados.
   (D) Hay un deseo por lo tradicional.

2. ¿Cuáles son unas ventajas de las bombachas?
   (A) La tela suave es de seda o de lino.
   (B) Se pueden comprar en catálogos por correo.
   (C) Se pueden encontrar en la Argentina, el Uruguay y el Paraguay.
   (D) Protegen contra los insectos y la pérdida del dinero.

3. ¿Cuál es el origen de las bombachas?
   (A) Es probablemente turco.
   (B) Sin duda pertenece a los caballistas.
   (C) Se encuentra entre los gauchos.
   (D) Hay varias teorías y nadie lo sabe exactamente.

4. Según Ernesto Sábato el origen de estos pantalones anchos se debe
   (A) al Cercano Oriente.
   (B) a la imitación de muchos pueblos vaqueros.
   (C) a los campesinos argentinos.
   (D) a intereses universales de los gauchos.

5. Se cierra el dobladillo de las bombachas
   (A) para impedir que entren cosas desagradables.
   (B) para mantener calientes las piernas.
   (C) para llamar la atención sastreril.
   (D) para proteger el dinero contra los carteristas.

El arte de escribir: Vocabulario

Instrucciones: Lee el pasaje siguiente. Luego escribe en la línea a continuación de cada número la forma de la palabra entre paréntesis que se necesita para completar el pasaje de manera lógica y correcta. Para recibir crédito, tienes que escribir y acentuar la palabra correctamente. Sólo debes escribir UNA palabra en cada línea. Es posible que la palabra sugerida no requiera cambio alguno. Escribe la palabra en la línea aun cuando no sea necesario ningún cambio.

Sección I

La mayoría de las personas no __(1)__ suficientemente el arroz. Compran cartones y sacos en bodegas y supermercados y los llevan a sus hogares sin __(2)__ dos veces. Pero __(3)__ fabuloso y exótico grano con una historia antiquísima y del cual se __(4)__ miles de millones de personas tanto en Asia como en otros continentes __(5)__ mucho más que un uso __(6)__ .

El arroz es uno de __(7)__ más antiguos cultivos alimenticios del hombre. En China lo __(8)__ como alimento básico en el año 2800 antes de Cristo. Los griegos lo __(9)__ gracias a las expediciones de Alejandro Magno a Asia alrededor del año 320 antes de Cristo.

1. _____ (apreciar)

2. _____ (pensarlo)

3. _____ (este)

4. _____ (alimentar)

5. _____ (merecer)

6. _____ (rutinario)

7. _____ (el)

8. _____ (considerar)

9. _____ (descubrir)

Sección II

Alimentos altos en grasas son también altos en calorías. Si uno quiere cuidar su dieta es importante que al __(1)__ la compra __(2)__ las etiquetas de los productos para que __(3)__ el número de calorías que le __(4)__ y para evitar __(5)__ que __(6)__ grasas __(7)__ como el aceite de coco, aceite de palma, manteca, grasa de res, manteca vegetal hidrogenada, mantequilla, crema o mantequilla de cocoa.

__(8)__ los alimentos se reducen las vitaminas. __(9)__ Ud. el agua de la cocción para hacer sopas o __(10)__ Ud. a otros platos. De esta forma aprovechará al máximo todas las vitaminas.

1. _____ (hacer)

2. _____ (revisar)

3. _____ (saber)

4. _____ (aportar)

5. _____ (aquel)

6. _____ (contener)

7. _____ (saturado)

8. _____ (Cocinar)

9. _____ (Utilizar)

10. _____ (agregarlo)

El arte de escribir: Verbos

Instrucciones: En cada una de las siguientes oraciones, se ha omitido un verbo. Completa cada oración escribiendo en la línea numerada la forma y el tiempo correctos del verbo entre paréntesis. Es posible que haga falta más de una palabra. En todo caso debes usar un tiempo del verbo entre paréntesis.

Sección I

1. Cuando era niña, __(1)__ el piano todos los días.

1. _tocaba_ (tocar)

2. Si puedes, por favor, __(2)__ la mesita y el armario.

2. _limpies_ (limpiar)

3. Juanito, no quiero que __(3)__ gaseosa en tu alcoba.

3. _bebas_ (beber)

4. Antes de hornear el pastel, es necesario que Ud. __(4)__ el horno.

4. _precalente_ (precalentar)

5. Francisco, mira esta foto aquí en la agencia inmobiliaria. Ojalá que en esta casa __(5)__ una cocina con un horno de microondas y un lavaplatos.

5. _haya_ (haber)

6. Si tuviera vinagre, yo __(6)__ una salsa para la ensalada.

6. _prepararía_ (preparar)

7. Cuando __(7)__ la sala esta tarde, ten cuidado con las cerámicas.

7. _arreglas_ (arreglar)

8. Papi, si hubiera tenido el tiempo, yo __(8)__ el césped.

8. _cortara cortiera_ (cortar)

9. Dele a Arturo el jabón para que __(9)__ el suelo.

9. _fregue_ (fregar)

10. Por lo general compartimos los quehaceres, pero anoche, yo lo __(10)__ todo.

10. _hice_ (hacer)

Sección II

1. Arturo, mi amor, cuando llegues a casa, __(1)__ la mesa para cuatro personas. ¡Mis padres vienen a las siete!

2. La receta recomienda que el cocinero __(2)__ el pescado en un caldo de perejil picado, patatas gallegas y rodajas de cebolla.

3. Anoche yo __(3)__ las luces a las once y empecé a soñar con todo lo que no había hecho durante el día.

4. La criada habló como si __(4)__ de niños toda su vida. Pero en realidad tenía sólo 16 años.

5. Mis padres insisten que yo __(5)__ la basura todos los días. Pero no lo hago con gusto.

6. Los asistentes todavía no __(6)__ los pulpos y los calamares. Los voy a despedir.

7. Hacía muchos años que mi novio __(7)__ a dieta, cuando me conoció. Ahora ha engordado mucho.

8. No soy bruja pero si yo tuviera una escoba, __(8)__ toda la casa por ti.

9. Hacía mucha humedad y era necesario que nosotros __(9)__ las toallas antes de volver a usarlas.

10. Hay una cruel sequía este verano y el ayuntamiento no ha permitido que nadie __(10)__ su jardín bajo pena de multa.

1. _____ (poner)

2. _____ (cocer)

3. _____ (apagar)

4. _____ (cuidar)

5. _____ (sacar)

6. _____ (freír)

7. _____ (estar)

8. _____ (barrer)

9. _____ (secar)

10. _____ (regar)

El arte de escribir: Ensayos

Ensayo I: Los quehaceres

En muchas familias es importante que cada miembro se encargue de ciertas responsabilidades en la casa. Si pudieras darles consejos a tus padres sobre la distribución y el cumplimiento de las varias responsabilidades familiares, describe lo que les dirías.

_____

_____

_____

_____

Ensayo II: La carne

Los vegetarianos dicen que no se debe comer carne de animal, ave o pescado. Los que comen carne dicen que los animales fueron puestos en este mundo para nuestro beneficio. En un ensayo discute estos dos puntos de vista muy distintos y justifica tu propia filosofía sobre el caso.

_____

_____

_____

_____

Ensayo III: El hogar familiar

> **GRANDES CAMBIOS**
> **PARA EL HOGAR**
> **DEL SIGLO XXI**

Acabas de leer este titular de tu periódico local y decides escribirle una carta a la directora. Tu carta de opinión debe hablar de lo que esperas que sean las características del hogar familiar del futuro. Titula tu editorial "Un hogar no es una casa" o "Mis deseos para los hogares futuros."

_____

_____

_____

El arte de hablar: Serie de dibujos

Directions: You will now be asked to speak in Spanish about these pictures. Note that there are six pictures on the two pages. First you will hear some instructions in Spanish. After these instructions, you will have two minutes to think about the pictures and two minutes to tell the story suggested by the pictures. Although you may spend more time describing what happens in some pictures than in others, you should try to talk about all of the pictures as you tell the story. No tone will sound between pictures. Move directly from one picture to the next. In describing the pictures and the story they tell, you should use as much of the response time as possible. You will be scored not only for the appropriateness and grammatical correctness of your response, but also for your range of vocabulary, pronunciation, and overall fluency. If you hear yourself make an error as you are speaking, you should correct the error. Do not start your tape recorder until you are told to do so.

Instrucciones: Los dibujos que tú ves representan un cuento. Utilizando los dibujos, interpreta y reconstruye esta historia. Tu nota se basará no sólo en tu precisión gramatical sino también en la amplitud de tu vocabulario, tu claridad y tu fluidez.

Ahora empieza a pensar en los dibujos.

María Chucena techaba su choza
cuando un leñador que por allí pasaba le dijo,
"María Chucena, ¿techas tu choza o techas la ajena?"
"Ni techo mi choza ni techo la ajena,
techo la choza de María Chucena."

DIBUJO 1

1

2

3

4

5

6

1

2

3

4

5

6

DIBUJO 3

1

2

3

4

5

6

1

2

3

4

5

MÁS TARDE!

6

Directions: Now you will be asked to respond to a series of questions. Listen carefully to each question, since your score will be based on your comprehension of the questions, as well as the appropriateness, grammatical accuracy, and pronunciation of your response. You should answer each question as extensively and as fully as possible. If you hear yourself make an error, you should correct the error. If you are still responding when you hear the speaker say, "Now we will go on to the next question," stop speaking and listen. Do not be concerned if your response is incomplete.

Each question will be spoken twice. The questions are not printed in your booklet. In each case, you will have 20 seconds to respond. For each question, wait until you hear the tone signal before you speak. The questions are about food.

First you will hear a practice question that will not be scored. Do not record your answer. Here is the practice question.

Un camaroncito llora en la arena. Viene otro que le pregunta, "¿Por qué lloras?" Con lágrimas en las mejillas, el camaroncito le contesta, "Porque mi mamá fue a una fiesta y todavía no ha vuelto."

CAPÍTULO II
LA SALUD

LAS EDADES
niñez (f)
pubertad (f)
juventud (f)
adolescencia
madurez (f)
vejez (f)

LOS DESASTRES
atropellar
caer
chocar
cochebombas (m)
corte (m)
diluvio
epidemia
huracán (m)
matar
peste (f)
tropezar

LAS ENFERMEDADES
gripe (f)
neumonía
paperas
resfriado
rubéola
sarampión (m)
SIDA (f)
varicela
viruela

MEDICAMENTOS
aspirina
drogas
jarabe (m)
linimento
medicina

¡¡¡¡¡¡ MODISMOS !!!!!!!!

El pollo *se arriesgó* al atravesar la calle.

Me *duelen* la cabeza y el estómago.

Siempre estoy *a dieta.*

Miguel *contagió* un catarro que era muy contagioso.

Los escalofríos producen *piel de gallina.*

JUEGOS DE PALABRAS

El médico *atendió* a sus pacientes después de *asistir* a una reunión.

El médico buscaba *la cura* para *el cura* enfermo.

No es *embarazoso* estar *embarazada.*

La cabeza tiene *una frente* pero los soldados están en *el frente.*

El médico examina *los reflejos* de los músculos que se ven en *el reflejo* del espejo.

PALABRAS ÚTILES
aprovechar
brotar
mejorar
quebrar

LA SALUD

Más vale prevenir que curar.

31

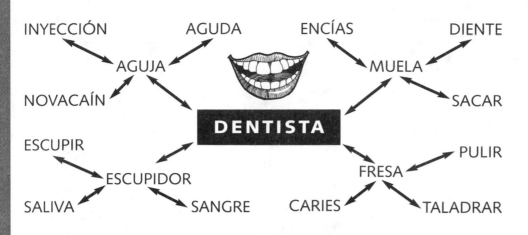

INYECCIÓN — AGUDA — ENCÍAS — DIENTE

AGUJA — MUELA

NOVACAÍN — SACAR

DENTISTA

ESCUPIR — PULIR

ESCUPIDOR — FRESA

SALIVA — SANGRE — CARIES — TALADRAR

LAS CAUSAS
alergia
estilo de vida
estrés (m)
fumar
herir
mordisco
picadura
peligro

LAS CONDICIONES
cáncer (m)
catarro
congestión (f)
desmayarse
dolor (m)
estornudar
fallecer
fiebre (f)
fractura
hipos
incapacidad (f)
infarto
insomnio
muerto/a
padecer
nauseabundo/a
palpitar
recurrir
resfriado
romper
torcer
tirón (m)

LAS PERSONAS
doctor/a   paciente (m, f)
enfermo/a   pediatra (m, f)
especialista (m, f) psicólogo/a
experto/a   psiquiatra (m, f)
herido   técnico/a
matasanos   terapeuta (m,f)
médico/a   víctima
minusválido/a

LA PIEL
células
cicatriz (f)
espinilla
glándula
grano
grasa
hormonas
lesiones (f)
magulladuras
nervios
nódulos
poros
quemadura
quiste (m)
rasguño
ronchas
sebáceo/a

EL ESTRÉS
agitado/a
ansiar
asustar
aterrorizar
llanto
llorar
lloriqueo
pánico
preocuparse
quejarse
temblar
tensión (f)

LA TERAPIA
abuso
aconsejar
ajustarse
apoyo
calmar
consejos
quejarse
tranquilizante
tratamiento
violación (f)

LOS REMEDIOS
aliviarse
consultar
cuidar
curación (f)
descansar
dormir
energía
enyesar
higiene (f)
masaje (m)
muletas

PALABRAS FAMILIARES
cabeza	encabezar	cabezón/a	cabecera
salud (f)	saludar	saludable	saludos
enfermedad (f)	enfermarse	enfermo/a	enfermero/a
relajo	relajarse	relajante	relajación (f)
sueño	soñar	soñoliento/a	soñador/a
susto	asustar	asustado/a	

MÁS

además
cálido/a
caliente
calvario

capacidad (f)
evitar
fallecimiento
funcionamiento

funcionar
grave(mente)
morir

Y MÁS

adolescente
adoptar
amanecer
amenazar
aplicar
aprovechar
arder
arruinar
atacar
ayudar
baño
bloquear
brotar
cabello
caliente
calvicie (f)
campo

cara
caso
causa
causar
cita
clínica
conjuntivitis (m)

crónico/a
cubrirse
cuerpo
curar
desastroso/a
desbloquear
desesperar
desorientación (f)
dislocado/a
disminución (f)
disminuir
emergencia
envejecer
erradicación (f)
estimular

estómago
examen (m)
exponerse
extremos
fallecimiento
garganta
hipodérmica
incómodo/a
infección (f)

lesionado/a
morder
movimiento
muscular
nuca
pecho
peinarse
peligroso/a
pelo
perjudicado/a
pésame (m)

pie (m)
presión (f)
pronósticos
proteger
pulmones (m)
pulso
punta
puntito
punto
quebrar
quimioterapia
radioterapia
rayo

recuperarse
remedio
respiro
riesgo
risa
salvar
sanguíneo/a
sano/a y salvo/a
sebo
seguro/a
servicio
severo/a
síndromes (m)
sudoroso/a
tila

tobillo
tocar
tomar
tumor (m)

El arte de escuchar: Diálogos cortos

Instrucciones: Ahora vas a escuchar una serie de diálogos. Después de cada diálogo se te harán varias preguntas sobre lo que acabas de escuchar. Para cada pregunta elige la mejor respuesta de las cuatro opciones escritas en tu libreta de examen y rellena el óvalo correspondiente en la hoja de respuestas.

1. (A) De un catarro.
   (B) De una gripe.
   (C) De un infarto.
   (D) De amor.

2. (A) Tiene un tirón en los hombros.
   (B) Sus manos están sudadas.
   (C) Se tomó la temperatura.
   (D) Su corazón palpita rápidamente.

3. (A) Su esposa.
   (B) Su médica.
   (C) Su madre.
   (D) Su novia.

4. (A) Habrá comido algo malo.
   (B) Salió con su colega anoche.
   (C) Condujo a una velocidad insólita.
   (D) Tiene una leve tos y congestión.

5. (A) Se siente nauseabundo.
   (B) Se siente enfadado.
   (C) No tiene síntomas precisos.
   (D) Le duele bastante.

El arte de escuchar: Narraciones breves

Instrucciones: Ahora escucharás una serie de narraciones breves. Después de cada narración se te harán varias preguntas sobre lo que acabas de escuchar. Para cada pregunta elige la mejor respuesta de las cuatro opciones escritas en tu libreta de examen y rellena el óvalo correspondiente en la hoja de respuestas.

1. (A) Una niña minusválida.
   (B) Una víctima de un accidente ecuestre.
   (C) Una cazadora lesionada en un accidente.
   (D) Una especialista en accidentes campestres.

2. (A) Al saltar una cerca, se cayó de su caballo.
   (B) Otra caballista se cayó encima de ella.
   (C) Su caballo le mordió el brazo izquierdo.
   (D) Se cayó encima de otro caballo.

3. (A) Un tobillo torcido y dislocado.
   (B) Varias magulladuras y un brazo roto.
   (C) Varios tirones y fracturas.
   (D) Una pierna hinchada.

4. (A) Le tomaron el pulso.
   (B) Le examinaron el oído.
   (C) Le sacaron una muestra de sangre.
   (D) Le auscultaron los pulmones.

Instrucciones: Ahora escucharás una selección de unos cinco minutos de duración. Se te recomienda tomar apuntes en el espacio en blanco de esta hoja. Estos apuntes no serán calificados. Al final de la selección leerás una serie de preguntas sobre lo que acabas de escuchar. Basándote en la información de la selección, elige la MEJOR respuesta a cada pregunta de las cuatro opciones impresas en tu libreta de examen y rellena el óvalo correspondiente en la hoja de respuestas.

NOW GET READY FOR THE SELECTION

Instrucciones: Ha terminado esta selección. No se leerán las preguntas en voz alta, pues las tienes impresas en tu libreta de examen. Ahora pasa a la sección de **El arte de escuchar: Selecciones extendidas** para Capítulo II y empieza a trabajar. Te quedan cuatro minutos para elegir las respuestas correctas.

1. ¿A quiénes avisa la locutora?
   (A) A los niños enfermos.
   (B) A los padres de niños pequeños.
   (C) A los médicos en zonas rurales.
   (D) A las madres embarazadas.

2. ¿Contra qué enfermedad da consejos la locutora?
   (A) Contra la gripe.
   (B) Contra las paperas.
   (C) Contra el sarampión.
   (D) Contra la viruela.

3. ¿Cuáles son los primeros síntomas de esta enfermedad?
   (A) Una erupción de ronchas.
   (B) Una fiebre alta.
   (C) Una tos incesante.
   (D) El lloriqueo y sueños turbulentos.

4. ¿Qué aconseja la locutora?
   (A) Que todos los niños sean vacunados.
   (B) Que los pediatras requieran la inmunización.
   (C) Que los niños visiten la OPS.
   (D) Que todos estén enterados de las enfermedades infantiles.

5. ¿Cuál es la meta de la Organización Panamericana de la Salud?
   (A) La mejor distribución de medicinas del mundo.
   (B) La protección contra toda enfermedad infantil.
   (C) La inoculación de todos los niños.
   (D) La completa erradicación del sarampión.

Practicando el Vocabulario

Instrucciones: Ya no se incluye esta parte en el examen de lengua AP. Sin embargo, te la presentamos de práctica. Esta parte consiste en una serie de oraciones incompletas, cada una de las cuales ofrece cuatro posibles opciones para completarlas. Elige la opción más apropiada.

1. Gabriel tiene fiebre, está resfriado, y tose. El médico dice que los síntomas indican que tiene . . .

    (A) gripe.
    (B) terapia.
    (C) presión sanguínea.
    (D) psicología.

2. Cuando era niña, contraje . . .

    (A) el pulmón.
    (B) el pulso.
    (C) la varicela.
    (D) el tobillo.

3. ¡Pobre María! Se ha puesto muy pálida y sigue . . .

    (A) utilizando.
    (B) mordiendo.
    (C) entrecerrando.
    (D) sangrando.

4. El paciente se desmaya y las enfermeras no saben si deben . . . o llamar al doctor.

    (A) revisarlo
    (B) atenderlo
    (C) detectarlo
    (D) pasarlo

5. La tos no indica . . . que la nena esté enferma.

    (A) de ninguna forma
    (B) a lo mejor
    (C) tanto mejor
    (D) de mal en peor

6. La radioterapia y la quimioterapia son . . .

    (A) enfermedades.
    (B) tratamientos.
    (C) epidemias.
    (D) dolores.

7. Hay . . . informativos que describen los servicios del hospital.

    (A) síndromes
    (B) riesgos
    (C) folletos
    (D) tumores

8. ¿Se contagia el SIDA por . . . de insectos, o un beso, o la saliva?

    (A) las picaduras
    (B) los pronósticos
    (C) las ostras
    (D) los mordiscos

9. Todos los pacientes son iguales; . . . mucho al ver la aguja hipodérmica.

    (A) se tropiezan
    (B) se padecen
    (C) se asustan
    (D) se quiebran

10. Voy al dentista porque me duelen . . .

    (A) las alergias.
    (B) los linimentos.
    (C) las muelas.
    (D) los hipos.

Practicando la Gramática

Instrucciones: Ya no se incluye esta parte en el examen de AP. Sin embargo, te la presentamos de práctica. En esta parte, debes elegir la palabra o frase que completa la oración correctamente.

1. Se me rompió . . . mano.
   - (A) un
   - (B) la
   - (C) el
   - (D) mi

2. El acné es el problema más embarazoso . . . los jóvenes.
   - (A) que
   - (B) a
   - (C) para
   - (D) de que

3. Estás hablando como si . . . un dolor de cabeza.
   - (A) tienes
   - (B) tuvieras
   - (C) tengas
   - (D) tendrías

4. Es seguro que no . . . bastante.
   - (A) te entrenes
   - (B) te hayas entrenado
   - (C) te entrenas
   - (D) te entrenases

5. Es importante que no usen el alcohol . . . otras drogas.
   - (A) o
   - (B) ni
   - (C) e
   - (D) a

6. No habría estado tan enfermo si no . . . demasiado.
   - (A) había comido
   - (B) hubiese comido
   - (C) haya comido
   - (D) he comido

7. Mira, Julio, sé que había dos ambulancias. Una para los menos lesionados y otra para los gravemente heridos. Lo sé porque . . . dijo el doctor encargado del accidente.
   - (A) te la
   - (B) me lo
   - (C) se la
   - (D) se me

8. No me gusta esta marca de aspirinas sino . . .
   - (A) esta.
   - (B) ésa.
   - (C) esas.
   - (D) estás.

9. No se . . . Ud.; el cáncer no se contagia.
   - (A) preocupa
   - (B) preocupará
   - (C) preocupe
   - (D) preocupado

10. Mientras no exista cura para el catarro, los investigadores . . . seguirán buscando.
    - (A) la
    - (C) ellos
    - (B) lo
    - (D) le

El arte de leer: Vocabulario y Gramática

Sección I

¡OYE, __(1)__ GUAPA Y RELAJADA EN UNA SEMANA!

¡Psst, oye, __(2)__ tu imagen en la peluquería! Puedes recortarte las puntas, ajustarte la medida o __(3)__ un nuevo corte de pelo. No __(4)__ dejes para más tarde. Si tu cabello es rebelde, liso o fino y sin volumen, __(5)__ el novedoso sistema de moldeados que te ofrece "Animatic" de l'Oréal. Sólo da movimiento y forma, de manera que te __(6)__ muy fácil peinarte, incluso a dedo, sin rizos ni ondas extremos, pero con volumen y estilo. ¡Quizás un __(7)__ de luz y color! Si tu pelo es por naturaleza opaco, es el momento de __(8)__ más luminosidad con un champú de un color que no __(9)__ el tono, sino que le dará más intensidad y brillo. Dura veinticuatro lavados y no deja efecto __(10)__.

Además date un masaje que te alivia el estrés. Consiste primero __(11)__ efectuar unos pases de masaje en la nuca y espalda. Recuerda, los aceites esenciales son necesarios para desbloquear la tensión muscular. 0, __(12)__ tú con la reflexoterapia anti-estrés. Se trabaja primero __(13)__ todos los puntos energéticos de la zona afectada. Se combinan masajes en los pies para potenciar el buen funcionamiento interno y __(14)__ un mejor relajo.

1. (A) PONLE
   (B) PONTE
   (C) PONME
   (D) PONLA

2. (A) mejora
   (B) mejore
   (C) mejorara
   (D) mejorad

3. (A) darte
   (B) darlas
   (C) darlo
   (D) darle

4. (A) le
   (B) la
   (C) lo
   (D) se

5. (A) aterroriza
   (B) elige
   (C) retrocede
   (D) amanece

6. (A) haya resultado
   (B) resultará
   (C) resulte
   (D) resultaba

7. (A) imagen
   (B) chulo
   (C) toque
   (D) nido

8. (A) darle
   (B) darlo
   (C) darla
   (D) darse

9. (A) cambie
   (B) cambiará
   (C) había cambiado
   (D) cambiara

10. (A) ninguno
    (B) alguno
    (C) aún
    (D) siquiera

11. (A) de
    (B) en
    (C) por
    (D) a

12. (A) combínala
    (B) combínale
    (C) combínalo
    (D) combínase

13. (A) estimulando
    (B) estimular
    (C) estimulaba
    (D) estimule

14. (A) conseguir
    (B) consigue
    (C) consiga
    (D) consiguió

Sección II

Querido Doctor,

Acabo de cumplir cuarenta años y __(1)__ ya algún tiempo adopto precauciones cada vez que tomo el sol. Yo iré __(2)__ a la playa y estoy preocupada __(3)__ las posibles __(4)__ solares. Cuando __(5)__ más joven jamás usé crema protectora. ¿Corro algún __(6)__ de llegar a __(7)__ cáncer de piel? No quiero envejecer. ¿Debo cancelar __(8)__ planes?--*Frita en la Playa*

Querida Frita en la Playa,

En primer lugar, __(9)__ el sol gradualmente y aplique una crema con un factor de 15 o más. No tome el sol si está tomando ciertos medicamentos. Siempre __(10)__ horas entre las 12:00 y las 3:00 de la tarde. Planee otras actividades durante las horas __(11)__. Visite un museo donde __(12)__ una colección de sus obras favoritas. Reserve __(13)__ de una gira a un sitio cercano. ¿Se __(14)__ una nueva película en tu barrio? Disfrute de __(15)__ espectáculo que __(16)__ interese.--*Dr. Matasanos*

1. (A) sino que
   (B) con tal de que
   (C) desde hace
   (D) a la vuelta de

2. (A) de veraneo
   (B) de verano
   (C) de paso
   (D) de gorra

3. (A) con
   (B) para
   (C) por
   (D) a

4. (A) carcajadas
   (B) vacunas
   (C) risas
   (D) quemaduras

5. (A) fui
   (B) sería
   (C) era
   (D) seré

6. (A) somnífero
   (B) paro
   (C) bodegón
   (D) riesgo

7. (A) padecer
   (B) cuidar
   (C) desmayarse
   (D) malgastar

8. (A) míos
   (B) mi
   (C) mis
   (D) mías

9. (A) toma
   (B) tome
   (C) tomaba
   (D) haya tomado

10. (A) aproveche
    (B) evite
    (C) apruebe
    (D) tiemble

11. (A) fieles
    (B) dobladas
    (C) cálidas
    (D) ovaladas

12. (A) se exponga
    (B) se queje
    (C) se comporte
    (D) se enrede

13. (A) una caza
    (B) un fondo
    (C) una plaza
    (D) un paro

14. (A) ensayará
    (B) filmará
    (C) estrenará
    (D) solicitará

15. (A) cualquier
    (B) cualesquier
    (C) cualquicra
    (D) cualesquiera

16. (A) les
    (B) lo
    (C) le
    (D) la

El arte de leer: Gramática incorrecta

Instrucciones: En las siguientes oraciones, debes elegir la parte que hay que CAMBIAR para que la oración sea gramaticalmente correcta.

1. Para <u>aliviarse</u> <u>del</u> estrés es importante comer bien y <u>se descansa</u> <u>bastante</u>.
   a   b   c   d

2. Los médicos recomiendan que los padres <u>se</u> <u>acuesten</u> a los niños a las ocho <u>de</u> la
                a b   c
noche y que <u>duerman</u> por lo menos ocho horas.
     d

3. En esas salas de emergencia <u>se</u> <u>habla</u> español <u>e</u> inglés <u>debido</u> a la presencia de
            a b   c   d
muchos pacientes hispanohablantes.

4. No <u>me</u> di cuenta <u>de que</u> mi mamá no <u>estuviera</u> de <u>buena</u> salud.
   a   b   c   d

5. ¡Ay! <u>Se me</u> <u>perdí</u> las llaves y tuve que <u>salir</u> inmediatamente <u>para</u> el hospital.
     a   b   c   d

6. Oí <u>por</u> <u>primer</u> vez las ideas básicas del nuevo plan y <u>una</u> es que "más vale prevenir
    a b   c
que <u>curar</u>".
  d

7. Señor Dentoro, cuando <u>viene</u> la enfermera <u>le</u> <u>pondrá</u> una inyección; ¡<u>cálmese</u>!
         a   b c   d

8. Si <u>podía</u> hacer <u>cualquier</u> cosa, <u>les</u> <u>daría</u> a los pobres mucho dinero.
   a   b   c d

9. <u>El</u> especialista se me acercó y <u>empezaba</u> <u>a hablar</u> sobre la importancia de estar <u>a</u> dieta.
  a   b   c   d

10. Como llegan más <u>de</u> <u>cientos</u> pacientes diariamente, los médicos apenas <u>se quitan</u> <u>la</u>
        a b   c   d
chaqueta, cuando empiezan a trabajar.

El arte de leer: Lectura

Lectura I

"Por fin ese muchacho tan atractivo me invitó a salir al cine. Corro al armario para sacar lo mejor que tengo y en dos segundos me planto enfrente del espejo para decidir qué peinado me va y . . . ¡horror! descubro con pánico un desagradable grano que amenaza en medio de la frente con arruinar mi cara y mi cita".

Por lo general el acné se lleva de la mano con la adolescencia. ¿Quién no ha pasado por ese calvario de los granos? El acné es el problema más común de la piel y se puede manifestar tanto en forma de puntitos blancos o negros como enormes granos rojos que pueden causar cicatrices permanentes. La mayoría de las personas no requieren ir al médico para su tratamiento.

El acné se relaciona directamente con las glándulas sebáceas. Existen cerca de 5.000 glándulas de este tipo que se distribuyen principalmente en la superficie de la piel de la cara, la espalda y el pecho. Durante la pubertad aumenta la producción de ciertas hormonas que, a su vez, estimulan la producción de grasa o sebo en estas glándulas. Por razones que se desconocen, los conductos sebáceos se pueden tapar debido a la acumulación de grasa, de células muertas en la piel y de bacteria, dando lugar a los puntitos blancos o negros. Cuando uno de los conductos se rompe sin que salga su contenido al exterior, produce una inflamación que causa los quistes o nódulos, que, cuando son muy severos pueden causar cicatrices.

1. ¿Qué creía la narradora de su grano?
   (A) Que estaba justamente entre sus ojos.
   (B) Que le iba a arruinar una cita.
   (C) Que se le iba a curar pronto.
   (D) Que le iba a dejar una cicatriz.

2. ¿A qué se debe el acné?
   (A) Al chocolate entre otras cosas.
   (B) A los quistes.
   (C) A la adolescencia.
   (D) A la calvicie.

3. ¿Cuándo se manifiesta el acné?
   (A) Sobre todo durante la pubertad.
   (B) Casi siempre cuando uno se prepara para una fiesta.
   (C) Cuando un adolescente lo espera menos.
   (D) Cuando hay una inflamación en la piel de la cara.

4. Según este artículo, ¿cuándo puede formarse un grano?
   (A) Cuando los conductos sebáceos se tapan de grasa.
   (B) Cuando los cosméticos bloquean los poros.
   (C) Cuando uno toma ciertas medicinas.
   (D) Cuando uno tiene muchas cicatrices.

5. Brotan quistes dolorosos cuando los conductores sebáceos se rompen . . .
   (A) sin ser lavados bien.
   (B) sin tratamiento médico.
   (C) sin salir la acumulación de bacteria.
   (D) sin producir un grano normal.

Lectura II

Empiezas a dar vueltas y más vueltas, ahuecas la almohada, estiras las sábanas, pones orden en la cama como si fuera el problema de que no puedas pegar ojo. Y nada, el sueño no llega. Incluso cuentas ovejas, o vacas, o cualquier animal capaz de saltar la vallita. Pero acabas con todo el rebaño y sigues igual de despejado. Si en medio de esa lucha reconoces que lo que no te deja dormir es el café de la cena, el hecho de que mañana haya un viaje o un examen que aprobar, entonces no debes desesperarte.

Ten en cuenta que cada uno de tres adultos no puede conciliar el sueño o permanecer dormido las horas necesarias. A esto se le conoce con el nombre de insomnio.

Al margen de ser una persona acostumbrada a dormir mucho o poco, lo cierto es que si no duermes lo suficiente puedes disminuir el rendimiento en el trabajo, perder la rapidez de los reflejos (por ejemplo cuando manejas), y ver afectada la capacidad intelectual y de concentración. Y, por supuesto, no te sentirás bien. Cuando el caso es severo, debes consultar a un médico, ya que la falta de sueño puede llevar al uso inapropiado de medicinas e incluso al alcohol u otras drogas que pueden aumentar el problema o convertirlo en crónico.

Cualquier actividad de relajo puede ayudarte a conciliar el sueño. Por ejemplo, tomar un baño caliente o perfumado, oscurecer la habitación y poner música suave. También ayuda tomarte un vaso de leche caliente o una tila. Existen técnicas de relajo, como la meditación, que también puedes utilizar para conciliar el sueño. Sólo si nada de esto funciona, puedes recurrir a alguna medicina. En cualquier caso, es mejor consultar antes al doctor.

1. El insomnio es . . .
   - (A) no ser capaz de poner la cama en orden.
   - (B) no conciliar el sueño.
   - (C) contar animales sin que ninguno salte la vallita.
   - (D) ansiar tomar café antes de acostarse.

2. ¿Qué debe recordar uno cuando no duerme bien?
   - (A) Que hay muchos otros que padecen del insomnio también.
   - (B) Que mañana siempre viene.
   - (C) Que hay muchas hierbas medicinales que pueden calmarlo.
   - (D) Que uno siempre puede contar ovejillas.

3. ¿Qué se debe hacer si el insomnio es severo?
   - (A) Se debe tomar leche.
   - (B) Se debe tomar algún tranquilizante.
   - (C) Uno debe levantarse para hacer ejercicio físico.
   - (D) Se debe consultar al médico.

4. ¿Cuál es uno de los efectos más desastrosos que produce la falta de sueño?
   - (A) La incapacidad de pegar ojo.
   - (B) La necesidad de consultar a algún médico.
   - (C) La reducción de la capacidad de producir buenas obras de arte.
   - (D) El deseo de tomar alcohol u otras drogas.

5. ¿Cuál de los siguientes remedios no se recomienda?
   - (A) Mirar un programa cómico de televisión.
   - (B) Tomar un baño perfumado.
   - (C) Escuchar música ligera.
   - (D) Usar algún medicamento.

El arte de escribir: Vocabulario

Sección I

Pero, ¿realmente necesitamos dormir? Los expertos dicen que sí. Y, __(1)__ varias teorías del porqué. Una de ellas se __(2)__ a la necesidad del cuerpo de "__(3)__". Las horas necesarias de sueño son __(4)__ para cada persona; como promedio, se __(5)__ siete u ocho horas __(6)__. Lo importante es cómo se __(7)__ la persona. Entre las causas más __(8)__ del insomnio se __(9)__: factores de estilo de vida, como el fumar, el tomar café o bebidas que __(10)__ cafeína, el alcohol, los cambios en el horario de trabajo, desorientación __(11)__ por cambios bruscos de horario cuando se viaja de un país a otro.

1. _____ (haber)

2. _____ (referir)

3. _____ (recuperarse)

4. _____ (distinto)

5. _____ (requerir)

6. _____ (diario)

7. _____ (sentir)

8. _____ (común)

9. _____ (hallar)

10. _____ (contener)

11. _____ (causar)

Sección II

Medio millón de fumadores de EE. UU. ganan el pleito del siglo a las tabacaleras

La industria del tabaco __(1)__ perdió ayer el mayor juicio que se ha celebrado en su contra. Un tribunal de Miami ha encontrado a los fabricantes de cigarrillos culpables de __(2)__ una veintena de enfermedades a los fumadores y de actuar fraudulentamente __(3)__ sustancias adictivas al producto aun a __(4)__ de los efectos dañinos que causaban. El proceso no termina aquí. Falta ahora por determinar la indemnización a la que __(5)__ derecho los 500.000 fumadores que __(6)__ entablado el juicio.

1. _____ (estadounidense)

2. _____ (provocar)

3. _____ (añadir)

4. _____ (sabiendas)

5. _____ (tener)

6. _____ (haber)

Ésta era la primera vez que los propios afectados sentaban en el banquillo a la poderosa industria del tabaco de Estados Unidos. Los juicios que se __(7)__ celebrado hasta el momento los habían __(8)__ los Estados que reclamaban __(9)__ por gastos sanitarios, proceso que se __(10)__ en marzo de 1998 cuando las empresas acordaron pagar 30 billones de pesetas a la Administración a cambio de paralizar las demandas.

7. _____ (haber)

8. _____ (interponer)

9. _____ (indemnización)

10. _____ (detener)

El arte de escribir: Verbos

Instrucciones: En cada una de las siguientes oraciones, se ha omitido un verbo. Completa cada oración escribiendo en la línea numerada la forma y el tiempo correctos del verbo entre paréntesis. Es posible que haga falta más de una palabra. En todo caso debes usar un tiempo del verbo entre paréntesis.

Sección I

1. El policía se me acercó, me tocó el hombro, y me __(1)__ información sobre el crimen.

2. Yo manejaba por las montañas cuando de repente yo __(2)__ con un oso.

3. Si Juan __(3)__ más joven, no se tropezaría tanto.

4. Antes de que __(4)__ vuestros padres, preparad el almuerzo.

5. La policía nos ha __(5)__ una multa.

6. El detective le ha pedido al testigo que __(6)__ fotos del accidente.

7. Si Marta hubiera arreglado el coche, ella no __(7)__ problemas ahora.

8. Será imposible que todos los visitantes __(8)__ todas las señales de tráfico.

9. A él no le __(9)__ las aspirinas ni el jarabe; y no los toma.

10. Buenos días, Sr. Arboleda. __(10)__. ¿Quiere sentarse aquí?

1. _____ (pedir)

2. _____ (chocar)

3. _____ (ser)

4. _____ (llegar)

5. _____ (imponer)

6. _____ (sacar)

7. _____ (tener)

8. _____ (respetar)

9. _____ (gustar)

10. _____ (Pasar)

Sección II

1. ¡No pude más! Había estudiado toda la noche y me __(1)__ la cabeza.

2. Debes tener mucha suerte, Enrique. Ya tienes treinta años y todavía no te __(2)__ ni siquiera un hueso pequeño.

3. Ya que entramos en el próximo milenio, sería estupendo que la comunidad médica __(3)__ las epidemias mundiales como el SIDA.

4. Pepa, siento mucho que __(4)__ tu madre. Te doy mi más sentido pésame.

5. Vi a Marta esta mañana. Le di las buenas noticias e inmediatamente se le __(5)__ dos grandes lágrimas de alegría.

6. Durante la clase de aeróbica nosotras __(6)__ todo el cuerpo empezando con el cuello y terminando con los dedos del pie.

7. No importa cuándo ni por qué entro en un hospital, siempre tengo mucho miedo. Pero no quiero que los enfermeros __(7)__ de eso.

8. Cristóbal estornuda sin cubrirse la boca como si no le __(8)__ nadie.

9. Yo tenía síntomas de sarampión pero le insistía a mi doctor que él no me __(9)__ una inyección.

10. Las cochebombas mataron a más de doscientas personas e __(10)__ a docenas más.

1. _____ (doler)

2. _____ (romper)

3. _____ (prevenir)

4. _____ (morir)

5. _____ (saltar)

6. _____ (estirar)

7. _____ (enterarse)

8. _____ (importar)

9. _____ (poner)

10. _____ (herir)

El arte de escribir: Ensayos

Ensayo I: Los peligros vitales

Hay muchos peligros en la vida y tenemos que tomar muchas decisiones para evitarlos. Muchas veces no podemos evitarlos. Peligros como las drogas, la violación, el SIDA y el abuso son sólo algunos de los problemas con los que nos podríamos enfrentar. Discute uno o dos de los problemas que te preocupan más y las medidas que has tenido que adoptar para disminuir la posibilidad de que ocurran.

_____

_____

_____

_____

Ensayo II: El "estrés"

En un ensayo describe las ocasiones en las que sientes el mayor "estrés". Explica lo que haces para aliviarte del "estrés" y cómo actúas cuando te encuentras bajo mucha tensión emocional.

_____

_____

_____

_____

Ensayo III: Las emergencias

Las emergencias ocurren de muchas formas distintas. Hay emergencias médicas, emergencias naturales como huracanes y diluvios, emergencias inmediatas como el perder las llaves y no poder entrar en casa, etc. En un ensayo describe la última emergencia que tuviste o tu familia.

_____

_____

_____

_____

El arte de hablar: Serie de dibujos

Directions: You will now be asked to speak in Spanish about these pictures. Note that there are six pictures on the two pages. First you will hear some instructions in Spanish. After these instructions, you will have two minutes to think about the pictures and two minutes to tell the story suggested by the pictures. Although you may spend more time describing what happens in some pictures than in others, you should try to talk about all of the pictures as you tell the story. No tone will sound between pictures. Move directly from one picture to the next. In describing the pictures and the story they tell, you should use as much of the response time as possible. You will be scored not only for the appropriateness and grammatical correctness of your response, but also for your range of vocabulary, pronunciation, and overall fluency. If you hear yourself make an error as you are speaking, you should correct the error. Do not start your tape recorder until you are told to do so.

Instrucciones: Los dibujos que tú ves representan un cuento. Utilizando los dibujos, interpreta y reconstruye esta historia. Tu nota se basará no sólo en tu precisión gramatical sino también en la amplitud de tu vocabulario, tu claridad y tu fluidez.

Ahora empieza a pensar en los dibujos.

Ese bobo vino nunca beber debe, vida boba y breve vivirá si bebe.

1

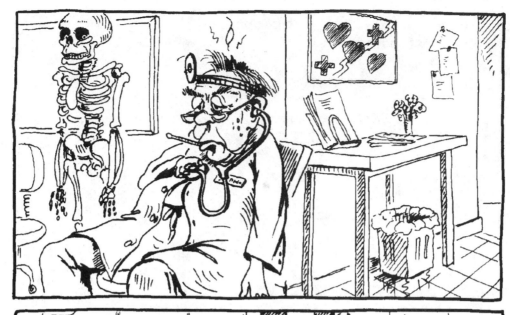

2

3

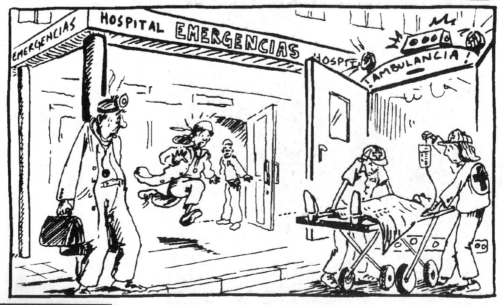

4

5

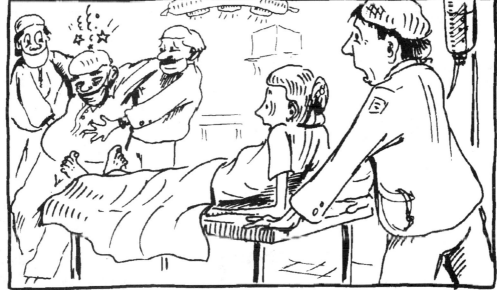

6

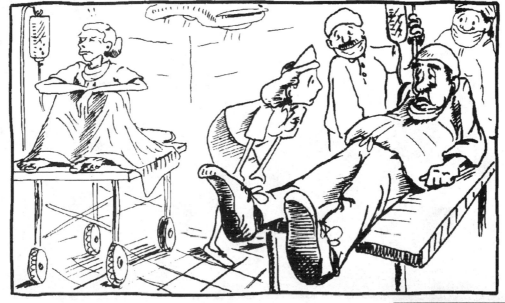

1

2

3

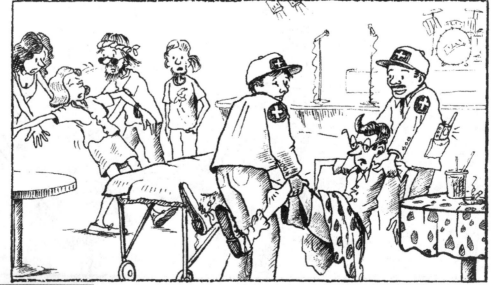

4

5

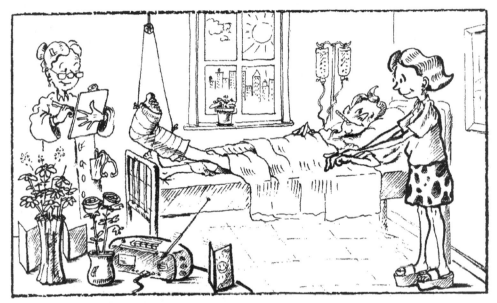

6

Directions: Now you will be asked to respond to a series of questions. Listen carefully to each question, since your score will be based on your comprehension of the questions, as well as the appropriateness, grammatical accuracy, and pronunciation of your response. You should answer each question as extensively and fully as possible. If you hear yourself make an error, you should correct the error. If you are still responding when you hear the speaker say, "Now we will go on to the next question," stop speaking and listen. Do not be concerned if your response is incomplete.

Each question will be spoken twice. The questions are not printed in your booklet. In each case, you will have 20 seconds to respond. For each question, wait until you hear the tone signal before you speak. The questions are about medicine.

First you will hear a practice question that will not be scored. Do not record your answer. Here is the practice question.

Un señor con aspecto enfermizo va al medico y le pregunta, "¿Cómo está mi corazón?" "Podría estar mejor, pero no es para desanimarse. Durará tanto como usted."

CAPÍTULO III

EL MEDIO AMBIENTE

EL TIEMPO

LOS DESASTRES
el ciclón
el sismo
el terremoto
la tormenta
el temblor

EL CALOR
el bochorno
las sequías
el sol
soleado/a
tibio/a

LAS TEMPESTADES
las gotas de lluvia
los estruendos
lluvioso/a
los relámpagos
relampaguear
soplar
el trueno
tronar

EL CIELO
la bruma
despejado/a
estrellado/a
la estrella
la niebla
la nube
nuboso/a

EL FRÍO
el granizo
helado/a
helar
el hielo
nevar
nevoso/a
la nieve

¡¡¡¡¡¡¡¡¡¡¡¡¡ MODISMOS !!!!!!!!!!!!!!!

Ayer **llovió a cántaros** y hoy hay charcos por todas partes.

Su jefe **le dio la lata** porque no cumplió su trabajo a tiempo.

El caballo **le dio una patada** en la rodilla y hoy **le duele** mucho.

Hace mal tiempo y yo no quiero salir a ninguna parte.

?

JUEGOS DE PALABRAS

En esta **camada** de perros hay seis pequeños **cachorros**.

Solíamos ir a la iglesia todos los domingos.

Le **advertí** que vendría una tempestad; además, le **advertí** que cerrara sus ventanas.

Los exploradores apenas **divisaron** el cañón por la neblina.

El hermano que no tiene pelo es **pelado** y el otro que tiene mucho pelo es **peludo**.

LA PROLE
las crías
los corderos
los potros

EL MEDIO AMBIENTE

A mal tiempo, buena cara.

53

P
L
A
N
COM | LO
ESTR | LLAS
C | T | A
I | A | S
T | S
A
S

EL CAMPING

EL EQUIPO

el abrelatas   la cuerda   el paraguas
el agua (f)   la linterna   la red
potable   la mochila   la tienda
el alambre   la olla
la alfombra   el horno portátil

LAS ACTIVIDADES

LOS LUGARES

la cabaña   acampar   escalar
la cordillera   atar la hamaca   esquiar
los cañones   afilar un cuchillo   montar a caballo
los desiertos   dar una caminata   prender la leña
los parques

EL PAISAJE

LAS MONTAÑAS
el barranco
la colina
la cordillera
el valle
los volcanes

LA TIERRA
los alrededores
el bosque
la isla
la península
la piedra
la selva
el suelo
las zonas

EL AGUA
las cascadas
la charca
las fuentes
el lago
el mar
la playa
las rías
los ríos

¿HAY UNA PALABRA FUERA DE LUGAR?
cueva, nido, colmena, cebadero
cuero, pata, lana, piel
entorno, cosecha, huerto, siembra
guarecer, amparar, ordeñar, refugiar

LAS PERSONAS

el campesino   el geógrafo
el alpinista   el guardabosques
el bañista   los leñadores
el cazador   el meteorólogo
el ecologista   el naturalista
el ecólogo   el zoólogo
el florista

BESTIAS,

el cabrito
el ciervo, la corza
la foca
la vaca
el oso
el zorro
el caimán

SUS DESCRIPCIONES Y

terco
manso
macho
hembra
silvestre
astuto
reptil

SUS ACCIONES

brincar
correr
nadar
mugir
morder
cazar
arrastrarse

MÁS

a riesgo	desvanecer	lado	paz (f)
advertencia	detergente (m)	lazo	pez (m)
advertir	deterioro	librado/a	pintoresco/a
ágiles	divisar	libre	planeta (m)
agüero	ecosistema (m)	lomo	plantar
ambiental	ensuciar	miel (f)	profecía
anochecer	estallar	montañoso/a	promover
arrancar	estorbe (m)	mordisqueo	rebaño
arreciar	gestión (f)	mundial	recién
asomar	hocico	mundo	recurso
constreñir	hoja	noche (f)	residuo
coral (m)	hondo/a	occidente	serrano/a
dañino/a	huella	olfato	signo
desajuste (m)	ileso/a	paja	tanque (m)
desarraigo	jaula	parir	tropical
			vista

El arte de escuchar: Diálogos cortos

1. (A) Dos ecólogos.
   (B) Dos serranos.
   (C) Dos financieros.
   (D) Dos leñadores.

2. (A) En una oficina.
   (B) En un bosque.
   (C) En un centro comercial.
   (D) En un roble.

3. (A) Por vender los árboles como leña.
   (B) Por construir un rascacielos para oficinas.
   (C) Por engañar a los ecologistas.
   (D) Por encontrar otro hogar para el búho.

4. (A) Apoyarán los planes.
   (B) Extrañarán al búho.
   (C) Denunciarán los planes.
   (D) Salvarán al búho.

5. (A) Para que el ave sufra menos.
   (B) Para que los ecólogos los ayuden.
   (C) Para que los pinos crezcan más rápido.
   (D) Para que nadie estorbe sus planes.

El arte de escuchar: Narraciones breves

1. (A) Durante el Día de la Independencia.
   (B) Durante el entierro de muchas personas.
   (C) Durante el vuelo de un avión.
   (D) Durante una celebración religiosa.

2. (A) Un viaje más de unos grandes aviones.
   (B) Los llantos de las víctimas.
   (C) La caída de las torres de las iglesias.
   (D) La explosión del terremoto.

3. (A) Porque no había bastante espacio en el cementerio.
   (B) Porque había más de trescientos damnificados.
   (C) Porque el cementerio fue destruido.
   (D) Porque la Catedral fue tumbada.

4. (A) Tenían esperanza en el futuro.
   (B) Creían que sus tradiciones cambiarían para siempre.
   (C) Ya habían empezado a reconstruir los edificios.
   (D) Buscaban una manera de conmemorar la catástrofe.

El arte de escuchar: Selecciones extendidas

1. Para el hombre antiguo, ¿qué representaba el mal tiempo?
   (A) Creía que los dioses estaban enfadados.
   (B) Le parecía que el mundo se iba a acabar.
   (C) Creía que los dioses jugaban a los bolos.
   (D) Pensaba que era el otoño.

2. ¿Qué suceso le cambió la vida para siempre a la narradora?
   (A) Se puso su vestido favorito.
   (B) Empezó a leer un cuento.
   (C) Sus padres creyeron que se había vuelto loca.
   (D) Se puso guantes y abrió su paraguas.

3. Al principio, ¿cómo trató la narradora de influir en el tiempo?
   (A) Leyó un cuento.
   (B) Se ponía ropa según el tiempo que deseaba.
   (C) Salía para jugar con sus amigos.
   (D) Llevaba sus medias favoritas.

4. ¿Qué pasó cuando leyó la narradora la segunda mitad del cuento?
   (A) Puso en marcha una tormenta fuerte.
   (B) No lo pudo terminar.
   (C) Felicitó al autor por su cuento tan informativo.
   (D) Tuvo la satisfacción de terminar el cuento.

5. ¿Qué piensa la narradora ahora del tiempo?
   (A) Lo deja en paz porque no lo puede controlar.
   (B) Piensa que es culpable de toda su mala suerte.
   (C) Todavía no le tiene respeto.
   (D) Le tiene mucho miedo y no sale de casa a menudo.

6. ¿Por qué ahora no intenta influir en el tiempo la narradora?
   (A) Es más vieja y sabia.
   (B) No quiere que sus padres crean que está loca.
   (C) Se da cuenta que imaginar el tiempo es crearlo.
   (D) Sabe que el tiempo es su amigo y compañero.

Practicando el Vocabulario

Sección I

1. Vamos al campo a hacer . . . ; nos gusta mucho preparar la comida así.
   - (A) un compromiso
   - (B) un bosque
   - (C) una parrillada
   - (D) una respuesta

2. Llevándonos una mochila, salimos a las montañas para . . .
   - (A) disparar.
   - (B) acampar.
   - (C) patinar.
   - (D) bucear.

3. Oíamos los ruidos espantosos de la noche por todas partes. . . .
   - (A) ¡Qué suerte!
   - (B) ¡Qué dulce!
   - (C) ¡Qué susto!
   - (D) ¡Qué agradable!

4. Casi todo salió mal; fue un día . . .
   - (A) pésimo.
   - (B) gustoso.
   - (C) milagroso.
   - (D) desprendido.

5. Cuatro personas pueden vivir en esta . . . de campaña.
   - (A) linterna
   - (B) cocina portátil
   - (C) tienda
   - (D) cuerda

6. Por fin, el cielo se ha despejado. Ahora podremos . . . bajo las estrellas.
   - (A) divertirnos
   - (B) aburrirnos
   - (C) regañarnos
   - (D) quejarnos

7. Si puedes . . . los murciélagos que vuelan cerca de tu casa, podrás pasar la noche en una cueva.
   - (A) olvidar
   - (B) tratar
   - (C) aguantar
   - (D) acabar

8. Aunque las estrellas brillan, no podemos ver porque la linterna está . . .
   - (A) despejada.
   - (B) descompuesta.
   - (C) nubosa.
   - (D) pegada.

9. Mi esposa me . . . de la cama porque estaba roncando.
   - (A) invitó a quedarme
   - (B) echó a patadas
   - (C) dio un beso
   - (D) tejió un suéter

10. Todo sucedió bien y los padres . . .
    - (A) se desmayaron.
    - (B) sonrieron.
    - (C) se gritaron.
    - (D) discutieron.

Sección II

1. Me impresiona mucho este bosque porque tiene mucha . . .
   (A) especie.
   (B) hamaca.
   (C) fauna.
   (D) jaula.

2. Los niños dan . . . por el barranco.
   (A) una caminata
   (B) una línea
   (C) una florista
   (D) una selva

3. En las regiones montañosas se puede encontrar las mejores . . . de esquí.
   (A) cascadas
   (B) pistas
   (C) mochilas
   (D) cuerdas

4. En el invierno, hace un frío que . . . toda la cordillera.
   (A) calienta
   (B) brinda
   (C) cosecha
   (D) hiela

5. Es muy importante proteger y . . . nuestra naturaleza.
   (A) escalar
   (B) amparar
   (C) silbar
   (D) anochecer

6. Víctor y Pedro le llenan la mochila con piedras a su hermanito y éste se enoja poco a poco, . . ., está muy descontento.
   (A) es decir
   (B) por sistema
   (C) a tono con
   (D) debe ser

7. El ruido no es de un animal peligroso. . . .
   (A) ¡No te rías!
   (B) ¡No te hagas daño!
   (C) ¡No te asustes!
   (D) ¡No te burles!

8. Marcos puede . . . en las montañas.
   (A) bucear
   (B) cazar
   (C) planchar
   (D) zumbar

9. Para mantener las selvas tropicales, es importante ser más . . .
   (A) ecológico.
   (B) ruinoso.
   (C) excesivo.
   (D) contaminante.

10. Después del paseo tonificante, los jóvenes estaban . . .
    (A) grabando.
    (B) sudando.
    (C) vigilando.
    (D) llevando.

Sección III

1. ¡Se prohibe . . . a los osos por aquí!
   - (A) salvar -save
   - (B) disparar - fire (shoot)
   - (C) pelear - fight
   - (D) engañar - trick

2. "¡Salve el planeta!", es un . . . mundial muy conocido.
   - (A) vidrio - glass/window
   - (B) lema motto
   - (C) trono throne
   - (D) lazo link

3. Los tigres, los leones, y los leopardos son animales . . .
   - (A) heridos. - injured
   - (B) tibios. - lukewarm
   - (C) mansos. gentle
   - (D) salvajes. wild

4. Siempre comíamos miel con las tostadas porque mi abuelo tenía muchas . . .
   honey
   - (A) parrilladas. barbecue
   - (B) cercas. fence
   - (C) colmenas. bee hive
   - (D) cosechas. harvest

5. Existen varias especies de animales en . . . de extinción.
   - (A) geógrafo - geographer
   - (B) peligro - danger
   - (C) ecosistemas - ecosystem
   - (D) límite - boundary

6. Siempre ha existido . . . entre el tigre y el león para ser "El Rey de la Selva".
   - (A) una jornada - journey
   - (B) una serenata serenade
   - (C) un domicilio home
   - (D) una lucha struggle, fight

7. Los cazadores ponen trampas en la selva para . . . a los animales.
   hunters   traps
   - (A) capturar capture/seize
   - (B) cautivar captivate/charm
   - (C) captar catch/grasp
   - (D) capitular capitulate/surrender

8. Aunque . . . habla, no quiero comprarlo.
   - (A) el bicho small animal/bug
   - (B) el conejo bunny
   - (C) el loro parrot
   - (D) el caimán alligator

9. El toro dio . . . al matador durante la corrida.
   - (A) una incidencia effect/impact
   - (B) una capa cape/cloak
   - (C) una puntada stitch
   - (D) una cornada goring/butt

10. Mira, María, puedes ver . . . de un ciervo en la nieve. Anduvo muy cerca de nuestra casa, ¿no?
    - (A) las paladas
    - (B) las charcas pond
    - (C) las pajas straw
    - (D) las huellas footprints

Sección IV

1. Me fascinan . . . porque pueden vivir en la tierra y en el agua.
    (A) los ciervos *deer* (C) los peces *fish*
    (B) los ajolotes *aligators?* (D) los conejos *bunnies*

2. Mi gatito no puede andar bien. Tiene . . . herida. *injured*
    (A) una pata *paw* (C) una cola *tail*
    (B) una mano *hand* (D) una oreja *ear*

3. Al perro se le dañó el hocico *snout* y esto ha afectado su . . .
    (A) olfato. *sense of smell* (C) vista. *sight*
    (B) toque. *touch* (D) gusto. *taste*

4. La gatita, con la lengua fuera *with its tongue out*, está muy orgullosa de sus "hijos"; los cinco . . .
    (A) cachorros. *cubs/puppies* (C) terneros. *calves*
    (B) patitos. *ducklings* (D) cabritos. *baby goat*

5. Debajo de un sillón, Amelia descubrió . . . de gatitos; por lo menos seis recién nacidos.
    (A) una mercancía *goods/merchandise* (C) una camada *litter/brood*
    (B) un huerto *vegetable garden* (D) un mordisquito *bite*

6. Les pedí semillas *seeds* orgánicas y me vendieron semillas tratadas de insecticida.
    (A) Movieron cielo y tierra para ayudarme. (C) Me echaron la culpa.
    (B) Me dieron gato por liebre. (D) Les di la mano y me agarraron el pie.

7. En los jardines zoológicos, los osos viven en . . .
    (A) las selvas. *jungle/woods* (C) los rebaños. *flock/herd*
    (B) las fuentes. *spring/fountains* (D) las jaulas. *cages*

8. Mi criada usa . . . para limpiar el suelo.
    (A) una bayeta *cleaning cloth* (C) un abrelatas *can opener*
    (B) una olla *pot* (D) una plancha *iron*

9. Hay manchas *stain* por toda la alfombra *carpet* y es muy difícil . . .
    (A) despedirlas. *to dismiss* (C) quitarlas. *remove/get rid of*
    (B) desprenderlas. *detatch* (D) prenderlas. *pin/fasten*

10. Si la joven no arregla *tidy up* su cuarto, va a perder algunos . . .
    (A) excepciones. *exceptions* (C) consejos. *advice*
    (B) privilegios. *priviledges* (D) calzados. *footwear*

Practicando la Gramática

1. Los bañistas querían que . . . buen tiempo porque tenían ganas de ir a la playa.
   - (A) hiciera
   - (B) hizo
   - (C) hacía
   - (D) hace

2. . . . mejor es un día nevoso en que puedo ponerme la chaqueta, las botas y los guantes y jugar en la nieve.
   - (A) La
   - (B) Un
   - (C) Lo
   - (D) Uno

3. Tengo miedo de las tempestades con muchos relámpagos y truenos y sobre . . . no tengo ningún control.
   - (A) lo que
   - (B) que
   - (C) las cuales
   - (D) cuales

4. Visitábamos a nuestro abuelo y su colección de abejas . . . sábados. Nos fascinaban mucho.
   - (A) en
   - (B) los
   - (C) en los
   - (D) cada

5. Hacía diez años que no . . . en las montañas.
   - (A) acampamos
   - (B) acampábamos
   - (C) hemos acampado
   - (D) acamparemos

6. El especialista anunció que se encuentran casi . . . osos en el bosque.
   - (A) ciento
   - (B) treinta y uno
   - (C) doscientas
   - (D) cuatrocientos

7. Me parece que . . . es promover ahora los mismos planes para salvar nuestro planeta.
   - (A) la importancia
   - (B) el importante
   - (C) lo importante
   - (D) la importante

8. Es mejor que no compres un perro . . . Debes investigar varias razas.
   - (A) cualquier.
   - (B) quieres.
   - (C) cualquiera.
   - (D) quieras.

9. Juanito descubrió una camada de cachorros y . . . escondió debajo de la cama.
   - (A) la
   - (B) las
   - (C) le
   - (D) les

10. Hay manchas por todas partes y a causa de . . . mi mamá va a castigarme.
    - (A) las
    - (B) ellos
    - (C) los
    - (D) ellas

El arte de leer: Vocabulario y Gramática

Instrucciones: En cada uno de los siguientes pasajes se encuentran espacios en blanco donde se han omitido palabras o frases. Cada espacio en blanco tiene cuatro posibles opciones para completarlo, de las cuales sólo una es correcta. Primero lee el pasaje rápidamente para determinar la idea general. Después léelo de nuevo detenidamente. Para cada espacio en blanco, elige la opción más apropiada de acuerdo al contexto del pasaje y rellena el óvalo correspondiente en la hoja de respuestas.

Sección I

Son los principios de mayo y amanece lloviendo y con niebla en el estrecho valle del occidente cantábrico donde nos encontramos. Suena muy próximo el canto atropellado de una curruca capirotada, mientras la algarabía de mirlos y zorzales parece llenar todo el bosque. Lentamente, la niebla comienza a levantar y __(1)__ que continúa __(2)__ con parsimonia, aparece nítido ante nuestros ojos. ¡Es un oso! ¡No! Hay más. ¡Tres, son tres osos!

Increíble. Tenemos __(3)__ a nosotros, muy próximos entre sí, tres ejemplares del escasísimo oso pardo cantábrico, con movimientos ansiosos y sin dejar de exclamar nuestra fortuna, __(4)__ el telescopio. Pero __(5)__ con el objetivo de nuestra vigía no ha sido tan sencillo. Por ejemplo, esta mañana, cuando la lluvia __(6)__ debimos guarecernos entre las ruinas de una vieja cabaña. Con una lente de veinte aumentos podíamos observar las tres bestias al mismo tiempo. Eran un gran macho y dos __(7)__. El oso era __(8)__ y aparentaba el doble de tamaño __(9)__ la hembra más grande. Ésta le seguía de cerca. Su color era distinto: las cuatro __(10)__ negruzcas y la cabeza más afilada, menos masiva que __(11)__ del macho, amarillenta. La otra osa era joven, patilarga, de tonos pardos y grises que la hacían parecer más oscura.

Como naturalistas algunos datos que nos fascinan son: Durante __(12)__, las mamás se vuelven muy recelosas y no admiten que ningún extraño __(13)__ a su prole, aunque a __(14)__ ya le falte poco para independizarse. Las osas suelen parir hasta tres __(15)__ cada dos años. Al nacer, carecen de pelo y pesan unos 350 gramos. La lactancia dura seis meses, pero nunca se independizan antes del año. Si nada se tuerce, cumplirán los veinticinco. Sin ellos, nuestro patrimonio natural sería más pobre. Por ésta y muchas otras razones, no podemos consentir que los gigantes de la Península __(16)__.

1. (A) el bulto
   (B) el nevero
   (C) la travesura
   (D) el pino

2. (A) moverse
   (B) muévese
   (C) moviéndose
   (D) se ha movido

3. (A) frente
   (B) al lado
   (C) sobre
   (D) delante

4. (A) endurecemos
   (B) desvanecemos
   (C) resguardamos
   (D) montamos

5. (A) dar
   (B) dando
   (C) dado
   (D) da

6. (A) arreciaba
   (B) ha arreciado
   (C) arreciando
   (D) arrecie

7. (A) corzas
   (B) hembras
   (C) brumas
   (D) profecías

8. (A) manco
   (B) soberbio
   (C) arrugado
   (D) jerárquico

9. (A) como
   (B) de
   (C) que
   (D) tan

10. (A) patas
    (B) palas
    (C) lanas
    (D) presas

11. (A) ello
    (B) la
    (C) el
    (D) lo

12. (A) la tregua
    (B) la cordillera
    (C) la crianza
    (D) la pena

13. (A) se acercará
    (B) se acerque
    (C) se acercó
    (D) se acercaba

14. (A) ésta
    (B) esto
    (C) éste
    (D) esta

15. (A) caldos
    (B) recursos
    (C) desdichas
    (D) crías

16. (A) se extingan
    (B) se extinguirán
    (C) se están
        extinguiendo
    (D) se han extinguido

Sección II

Su trabajo es descubrir los factores de __(1)__ de la contaminación del medio ambiente en la salud humana. En esta actividad hay una parte preventiva y otra activa. En la primera se identifican, controlan y vigilan __(2)__ del medio ambiente, y en la segunda se interviene sobre los focos contaminantes __(3)__ para el ser humano. Por otro lado, este técnico también tiene que desarrollar programas de educación y promoción de la salud para que la relación de las personas con el medio ambiente __(4)__ lo más beneficiosa posible.

Debe ser una persona que __(5)__ la calidad del medio ambiente como una necesidad __(6)__ para el completo desarrollo del ser humano y a __(7)__ le __(8)__ el deterioro y los abusos que se ocasionan en el hábitat. El Técnico Superior en Salud Ambiental tiene que saber que de sus informes puede depender la salud de un colectivo. No se aconseja esta profesión a personas con mentalidad burocrática, ya que se necesita mucha iniciativa y responsabilidad para asumir las decisiones.

Pueden __(9)__ a estos estudios los alumnos que __(10)__ el bachillerato (con las materias de Biología y Ciencias Marítimas y de Medio Ambiente), COU, Formación Profesional o __(11)__ tengan 20 años cumplidos, pueden superar una prueba. Los estudios __(12)__ de dos cursos, que se pueden __(13)__ en centros privados.

__(14)__ varían dependiendo de si se trabaja en una empresa privada o pública y de si en __(15)__ última se trabaja con contrato o por oposición. En líneas generales, el sueldo neto oscila.

1. (A) riesgo *risk*
   (B) rendimiento
   (C) gestión
   (D) glosa

2. (A) los desapegos *indifference*
   (B) los desajustes *disruption*
   (C) los desarraigos *uprooted*
   (D) los desalientos *discouragements*

3. (A) potables – *drinkable*
   (B) envasadores *bottled*
   (C) dañinos *harmful*
   (D) ágiles *agile*

4. (A) es
   (B) sea
   (C) ha sido
   (D) será

5. (A) valorará
   (B) valoraría
   (C) valorando
   (D) valore

6. (A) imprescindible
   (B) desinhibida
   (C) ilesa
   (D) desconcertante

7. (A) lo que
   (B) los cuales
   (C) la que
   (D) los que

8. (A) preocupen
   (B) están preocupando
   (C) preocupan
   (D) preocuparán

9. (A) distinguir *distinguished*
   (B) distar *be far from*
   (C) acceder *agree to*
   (D) ajar *spoil / wear out*

10. (A) habían terminado
    (B) hayan terminado
    (C) han terminado
    (D) han estado terminando

11. (A) el cual
    (B) los que
    (C) las cuales
    (D) la que

12. (A) constatan *verify*
    (B) constan *be evident*
    (C) constriñen *oblige*
    (D) consumen *complete*

13. (A) consignar *record*
    (B) realizar *carry out*
    (C) contactar *contact*
    (D) relanzar *re-launch*

14. (A) Los residuos *waste*
    (B) Los ingresos *entry*
    (C) Las conserjerías *janitor*
    (D) Las iniciativas *initiative*

15. (A) esto
    (B) ésta
    (C) aquél
    (D) éstas

El arte de leer: Gramática incorrecta

Instrucciones: En las siguientes oraciones, debes elegir la parte que hay que CAMBIAR para que la oración sea gramaticalmente correcta.

1. Si el meteorólogo <u>hubiera</u> <u>predicho</u> la nieve, no <u>habíamos</u> salido <u>de</u> la casa.
                        a   b   c   d

2. <u>Hace falta</u> que <u>cambiamos</u> nuestros hábitos para que <u>salvemos</u> <u>nuestro</u> planeta.
      a   b   c   d

3. Elena <u>se puso</u> enferma después de que <u>se diera</u> una caminata <u>por</u> las montañas <u>el</u> lunes.
          a   b   c   d

4. Jaime <u>está</u> ansioso de tanto <u>esperando</u> la llegada de la primavera y no puede <u>concentrar</u>
          a   b   c
la atención <u>en</u> los estudios.
          d

5. Sí, Vicente, es verdad que <u>mi</u> mamá siempre <u>quiere</u> que <u>llevo</u> las rodilleras cuando <u>estoy</u>
                            a   b   c   d
patinando.

6. Es importante que la gente <u>evite</u> <u>a</u> dar de comer a los animales mientras <u>pasa</u> <u>por</u> el
                            a b   c   d
parque.

7. Los alpinistas <u>acamparon</u> <u>para</u> dos semanas sin <u>llamar</u> <u>por</u> teléfono a sus familias.
                    a   b   c   d

8. Señor Guardabosques, <u>ningún</u> oso <u>no</u> nos <u>ha visitado</u> todavía. Sin embargo, seguimos
                            a   b   c
<u>esperándolos</u>.
    d

9. Más allá de la red <u>de</u> alambre <u>está</u> el gorila <u>de quien</u> el zoólogo estaba <u>hablándote</u>.
                        a   b   c   d

10. <u>Hace</u> diez años <u>que</u> los chicos <u>iban</u> a acampar <u>sin que</u> las mochilas y los colchones
       a   b   c   d
inflables.

El arte de leer: Lectura

Lectura I

Edith Oquendo, una mujer que encontró en el cuidado de la naturaleza una forma de sentirse útil, inició hace siete años una campaña por el regreso de las flores, las mariposas y los pájaros a los balcones, casas y calles de Medellín. Ella recuerda los juegos de los muchachos en su barrio que mataban a los pájaros atacándolos con un rudimentario pero eficiente instrumento compuesto por un pedazo de cuero y dos tirantes elásticos que lanzaba una piedra.

La gente volvió a sembrar y las mariposas revolotean hoy encima de las muchas flores de la ciudad. Pero por lo general las aves no han vuelto y los pocos que existen permanecen enjaulados. Además las aves silvestres no sólo fueron extinguidas por la acción violenta de los muchachos que las mataban, sino también por el constante deterioro ambiental, la deforestación, el aumento de selvas de vidrio y concreto, la contaminación de las aguas y el descuido de las zonas verdes. De las casi dos mil especies de pájaros encontrados en Colombia, sólo han quedado unas cuantas que se han condicionado a convivir con el ser humano. Por esto, Edith Oquendo y otros buscan aumentar las poblaciones de pájaros y hacer ésta para el año 2000, la ciudad de las aves.

Oquendo arrancó su plan con una curiosa propuesta: cambiar los pájaros enjaulados por cebaderos o restaurantes para pájaros, como han empezado a llamarlos los países.

"La gente ama a los pajaritos en la forma en que no se deben amar. ¿A quién se ama atado o encerrado, sólo por tenerlo obligado al lado de uno?", dice Oquendo.

1. Hace siete años Edith Oquendo hizo una iniciativa por . . .
   - (A) cambiar la actitud de los jóvenes hacia la naturaleza.
   - (B) efectuar el restablecimiento de plantas, insectos y pájaros.
   - (C) establecer una serie de jardines zoológicos.
   - (D) propagar otras especies de aves.

2. Las mariposas y las flores han vuelto porque . . .
   - (A) los pájaros no regresaron a comerlas.
   - (B) la gente mantiene presos a sus pájaros.
   - (C) Edith Oquendo ha soltado a miles de mariposas.
   - (D) la gente volvió a plantar flores.

3. ¿Por qué han desaparecido tantas especies de pájaros?
   (A) Por el abuso extenso del medio ambiente.
   (B) Porque la gente ha enjaulado a tantos pajaritos.
   (C) Porque no ha habido suficiente números de restaurantes.
   (D) Por la desaparición de tantas mariposas.

4. La meta de Edith Oquendo y sus socios es . . .
   (A) proveer restaurantes para los pájaros.
   (B) proveer un ave para cada cazuela.
   (C) proveer una honda para cada niño.
   (D) proveer una mariposa para cada ave.

5. ¿Qué ha sugerido Oquendo para atraer el regreso de los pájaros?
   (A) El aumento de la siembra de una gran variedad de flores.
   (B) La detención de todo chico travieso.
   (C) La distribución de comida especial para los pájaros.
   (D) Nombrar a Medellín la ciudad de las aves.

6. El mejor título para este artículo podría ser . . .
   (A) "El eterno retorno de las aves"
   (B) "Las aves y las abejas"
   (C) "Edith Oquendo y las jaulas de Medellín"
   (D) "Restaurantes para pájaros"

Lectura II

LA ABEJA HARAGANA — Horacio Quiroga

Había una vez en una colmena una abeja que no quería trabajar. Es decir, recorría los árboles uno por uno para tomar el jugo de las flores; pero en vez de conservarlo para convertirlo en miel, se lo tomaba del todo.

Era pues, una abeja haragana. Todas las mañanas, apenas el sol calentaba el aire, la abejita se asomaba a la puerta de la colmena, veía que hacía buen tiempo, se peinaba con las patas, como hacen las moscas, y echaba entonces a volar, muy contenta del lindo día. Zumbaba muerta de gusto de flor en flor, entraba en la colmena, volvía a salir, y así se lo pasaba todo el día, mientras las otras abejas se mataban trabajando para llenar la colmena de miel, porque la miel es el alimento de las abejas recién nacidas.

Como las abejas son muy serias, comenzaron a disgustarse con el proceder de la hermana haragana. En la puerta de las colmenas hay siempre unas cuantas abejas que están de guardia para cuidar que no entren bichos en la colmena. Estas abejas suelen ser muy viejas, con gran experiencia de la vida, y tienen el lomo pelado porque han perdido todos los pelos de rozar contra la puerta de la colmena.

Un día, pues, detuvieron a la abeja haragana cuando iba a entrar, diciéndole: « Compañera: es necesario que trabajes, porque todas las abejas debemos trabajar.»

La abejita contestó: « Yo ando todo el día volando, y me canso mucho. »

« No es cuestión de que te canses mucho», respondieron, « sino de que trabajes un poco. Es la primera advertencia que te hacemos. »

Y diciendo eso la dejaron pasar.

1. ¿Cuál de las siguientes declaraciones mejor describe a la abeja haragana?
   (A) Es trabajadora porque recorre los árboles y las flores.
   (B) Es seria como las otras pero no quiere trabajar.
   (C) Es egoísta; no quiere preparar la miel para la colmena.
   (D) Es frágil porque no puede volar mucha distancia.

2. ¿Cuándo demuestra que es vanidosa la abeja haragana?
   (A) Cuando se peina como las moscas antes de volar por los campos.
   (B) Cuando no contesta las serias advertencias de las otras abejas.
   (C) Al regresar cansada por la noche a la lumbre de la colmena.
   (D) Al ponerse a volar temprano por las mañanas bonitas.

3. ¿Por qué siempre está de guardia un grupo de abejas?
   (A) Buscan abejas de colmenas enemigas.
   (B) No quieren que entren abejas que no trabajan.
   (C) Así pueden darles consejos a sus compañeras.
   (D) Para impedir que entren otros insectos.

4. ¿Cómo se sabe que las abejas de guardia son viejas?
   (A) Les dan mucho respeto las abejas jóvenes.
   (B) No les gustan las abejas jóvenes y frívolas.
   (C) Han perdido muchos pelos.
   (D) Pueden reconocer las abejas perezosas.

5. ¿Qué le exigen las otras abejas a la abeja perezosa?
   (A) Le sugieren que no atraiga tantos bichos a la colmena.
   (B) Le aconsejan que descanse más.
   (C) Le advierten que vuele y trabaje menos.
   (D) Le insisten que sea como las otras abejas trabajadoras.

6. ¿Por qué esta vez dejan las abejas de guardia que entre a la colmena la abeja haragana?
   (A) Son viejas y no tienen la energía de negarle paso.
   (B) La abeja haragana ha vuelto muy cansada de otro viaje.
   (C) Necesitan otra abeja para trabajar.
   (D) Es sólo la primera vez que la regañan.

El arte de escribir: Vocabulario

Instrucciones: Lee el pasaje siguiente. Luego escribe en la línea a continuación de cada número la forma de la palabra entre paréntesis que se necesita para completar el pasaje de manera lógica y correcta. Para recibir crédito, tienes que escribir y acentuar la palabra correctamente. Sólo debes escribir UNA palabra en cada línea. Es posible que la palabra sugerida no requiera cambio alguno. Escribe la palabra en la línea aun cuando no sea necesario ningún cambio.

Sección I

A veces __(1)__ el medio ambiente __(2)__ cambiar __(3)__ hábitos. Por ejemplo, se __(4)__ utilizar detergentes y suavizantes que __(5)__ material __(6)__. Los envases son reciclables, y los agentes __(7)__ son __(8)__. (Se __(9)__ naturalmente.) Además, las nuevas fórmulas concentradas favorecen también al entorno por emplear menos materia __(10)__.

1. _cambia_ (cambiar) *cambian*
2. _implica_ (implicar)
3. _nuestros_ (nuestro)
4. _puede_ (poder)
5. _utilizan_ (utilizar)
6. _~~~~ reciclado_ (reciclado)
7. _limpiadoras_ es (limpiador)
8. _biodegradables_ (biodegradable)
9. _descomponen_ (descomponer)
10. _prima_ (primo)

Sección II

¡Coma y salve __(1)__ planeta! podría ser el lema para el helado nutritivo Rainforest Crunch. Porque cada vez que Ud. consuma __(2)__ cajita de __(3)__ nueces ayudará a preservar los árboles que __(4)__ estos frutos en la selva del Brasil. Si los árboles fueran __(5)__, ya no __(6)__ una razón para cortarlos. Y el 60% del dinero __(7)__ se __(8)__ a preservar los bosques. Ud. puede pedirlo por correo __(9)__ al número de teléfono de la compañía.

1. _nuestro_ (nuestro)
2. _una_ (un)
3. _estas_ (este)
4. _dan_ (dar)
5. _rentables_ (rentable)
6. _~~~~ habría_ (haber)
7. _recaudado_ (recaudado)
8. _destinaría_ (destinar)
9. _llamando_ (llamar)

El arte de escribir: Verbos

Sección I

1. ¿Qué tiempo __(1)__ la semana que viene? ¿Es posible que nieve o llueva?

2. El termómetro se ha __(2)__.

3. Anoche María y Tomás __(3)__ por las montañas para ver más del paisaje.

4. __(4)__ la una de la mañana cuando empezó a llover.

5. Amalia, no __(5)__ de la casa. ¿No ves que llueve y hay relámpagos?

6. Conmigo ramigo Jorge hablaban como si __(6)__ en una isla del Caribe el mes pasado.

7. Han __(7)__ muchas personas a causa del ciclón.

8. Los zorros vienen __(8)__ por el bosque.

9. ¿Qué habrías hecho si la abeja te __(9)__ picado.

10. Me gustaba visitar a mi abuelita y __(10)__ las gardenias en su jardín.

1. _____hará_____ (hacer)

2. _____roto_____ (romper)

3. _____andaron_____ (andar)

4. _____Era_____ (Ser)

5. ~~salgas~~ sales (salir)

6. (estuvieran) _____estarán_____ (estar)

7. muerto ~~_____~~ (morir)

8. corriendo (correr)

9. (hubiera) _____había_____ (haber)

10. _____olía_____ (oler)

Sección II

1. Anoche en Chile __(1)__ un terrible terremoto en la Alta Cordillera de los Andes.

2. Esta mañana __(2)__ despejado y soleado y me vestí con alegría.

3. Primero limpié el tanque y luego __(3)__ de comer a los pececitos.

4. Si no hubiera __(4)__ tanto granizo, la cosecha todavía estaría de pie.

5. Parece que siempre __(5)__ cuando quiero ir al parque a hacer footing.

6. Aunque __(6)__ mañana, voy al concierto con mis mejores amigos.

7. El campesino __(7)__ la vaca cuando estalló el huracán.

8. Nunca había __(8)__ tantos relámpagos tan fuertes.

9. Es importante que la escuela __(9)__ botellas y periódicos todos los días.

10. Mi novia me pidió que le __(10)__ tulipanes y margaritas para nuestro aniversario.

1. _hubo_ (haber)

2. _amanecí_ (amanecer)

3. _~~da~~ daba_ (dar)

4. _caído_ (caer)

5. _lleve_ (llover)

6. _nieve_ (nevar)

7. _ordeñaba_ (ordeñar)

8. _visto_ (ver)

9. _recicle_ (reciclar)

10. _recojo_ (recoger)

El arte de escribir: Ensayos

Ensayo I: La ciudad

En nuestra sociedad los grandes centros urbanos se han encontrado bajo ataque por sus problemas socioeconómicos. Sin embargo, hay muchos que encuentran muchos ejemplos de belleza en nuestras ciudades. En un ensayo escribe sobre lo bueno y lo malo y lo bello y lo feo que tú encuentras en las ciudades más grandes del mundo.

_____

_____

_____

_____

_____

Ensayo II: El problema de la basura

Cuando uno viaja por los Estados Unidos ve mucha basura y escombros al lado de los caminos. A pesar de rótulos que anuncian multas por echar cosas desde los coches, el público norteamericano sigue cerrando los ojos ante esta vergüenza que ensucia nuestro paisaje. Escribe una carta a un representante o senador, protestando sobre esto y ofreciendo ideas para remediar la situación.

_____

_____

_____

_____

_____

Ensayo III: Las tormentas

Describe cómo te sientes durante una tormenta. En un ensayo sobre una experiencia personal considera las características de la tormenta, tu propio comportamiento y tu reacción emocional. Debes escribir el ensayo como si fuera tu diario personal.

_____

_____

_____

_____

_____

El arte de hablar: Serie de dibujos

Directions: You will now be asked to speak in Spanish about these pictures. Note that there are six pictures on the two pages. First you will hear some instructions in Spanish. After these instructions, you will have two minutes to think about the pictures and two minutes to tell the story suggested by the pictures. Although you may spend more time describing what happens in some pictures than in others, you should try to talk about all of the pictures as you tell the story. No tone will sound between pictures. Move directly from one picture to the next. In describing the pictures and the story they tell, you should use as much of the response time as possible. You will be scored not only for the appropriateness and grammatical correctness of your response, but also for your range of vocabulary, pronunciation, and overall fluency. If you hear yourself make an error as you are speaking, you should correct the error.

Do not start your tape recorder until you are told to do so.

Instrucciones: Los dibujos que tú ves representan un cuento. Utilizando los dibujos, interpreta y reconstruye esta historia. Tu nota se basará no sólo en tu precisión gramatical sino también en la amplitud de tu vocabulario, tu claridad y tu fluidez.

Ahora empieza a pensar en los dibujos.

El cielo está emborregado quien lo desemborregará
El desemborregador que lo desemborregue buen desemborregador será.

1

2

3

4

5

6

4

5

6

1

2

3

El arte de hablar: Preguntas y Respuestas

Dos hombres estaban de excursión por el monte cuando vieron un enorme oso hambriento que se dirigía hacia ellos. A pesar de que estaban aterrados, rápidamente reaccionaron; uno de los compañeros sacó su cuchillo, mientras el otro se quitó la mochila, se quitó las botas, y empezó a ponerse a toda prisa unas zapatillas. El del cuchillo se le quedó mirando y le dijo, "¿No pretenderás correr más rápido que el oso?" "No, me basta con correr más rápido que tú."

CAPÍTULO IV

LOS VIAJES

MEDIOS DE TRANSPORTE

LOS BOTES
abordar
atravesar
barco de vapor
billetes (m)
boleto
camarotes (m)
crucero
desembarcar
muelles (m)
navegación (f)
naves (f)
piscina

LOS AVIONES
abrocharse
aeromozo
asiento
aterrizaje (m)
aterrizar
azafata
cabina
despegar
despegue (m)
escala
parada
vuelo

LOS COCHES
alquilado/a
autobús (m)
carnet (m)
cinturones (m)
frenos
taxi (m)
volante (m)

LOS TRENES
andén (m)
estación (f)
ferroviario/a
metro

¡¡¡¡¡¡¡¡¡¡¡¡¡¡ MODISMOS !!!!!!!!!!!!!!

Los pobres pasajeros tienen que **hacer cola** antes de salir de la aduana.

La agencia de viajes está **justo** al lado de la estación de trenes.

Los pasajeros **se divierten** conversando y contando chistes. Los hijos de los pasajeros también **lo pasan bien** conversando y contando chistes. Mientras tanto los agentes de viaje **pasan un buen rato** conservando y contando su dinero.

?

JUEGOS DE PALABRAS
Siempre **me entero** de la situación.
Los parientes del viejo coronel lo **entierran** hoy.

Los estudiantes siempre **pretenden** estudiar duro todos los días.
Yo sé que José es culpable aunque él **aparenta** no saber nada
del caso.

Es **un** bello arte saber participar en **las** bellas artes.

Cuando nuestro hijo **se despida** de Alemania, le daremos una
fiesta de **bienvenida** que nunca olvidará.

Mi amigo Juan sale **a principios de** enero, mi hermana se
marcha **a mediados del** mes y yo **a fines del** mismo mes.

LOS VIAJES *Conozco al viajero por las maletas.*

PARA LLEVAR
la brújula
los boletos de ida y vuelta
los folletos de información
el maletín de cuero
los mapas de carreteras
la mochila
el pasaporte
el plano de la ciudad

PERSONAS
guías (m, f)
pasajeros/as
pilotos
policías (m)
turistas (m, f)

LUGARES TURÍSTICOS
las aldeas pintorescas
los barrios de diferentes étnicas

la capital cultural del país
las fuentes iluminadas
las ruinas indígenas
las islas aisladas
los jardines ornamentales
los parques históricos
las avenidas peatonales
las plazas majestuosas
las oficinas de turismo

PREPARATIVOS
ir al ayuntamiento por los documentos
recibir una vacuna
hacer las maletas
poner boletos, mapas y pasaporte en el maletín

LOS PLACERES DE VIAJAR
ir de compras
visitar las pinturas en el museo
experimentar costumbres y culturas distintas
compartir nuevos descubrimientos
volar a lugares exóticos
sacar fotos
aprender otro idioma
visitar la ópera
apreciar los paisajes pintorescos

LOS DISGUSTOS DE VIAJAR
aguantar las demoras
estar desorientado/a
extrañar a los amigos
tratar a los mendigos agresivos
contagiarse el paludismo
protegerse de los carteristas

UN POCO DE POESÍA
Viajes

callejeros, marítimos.
Merodear, explorar, arriesgarme.
Recorro el mundo sin destino
LIBRE.

Y MÁS

aburrido/a	duración (f)	occidental	relajo
acompañar	embajada	oriental	rellenar
acudir	emigración (f)	orillas	rutas
aventura	emigrar	oriundo/a	selvático/a
bahía	empaquetar	país (m)	seña
caber	emprender un tour	peligros	sitios
cabo	ficha	peligroso/a	sobrecarga
calle (f)	firma	permiso	tarifa
caminatas	hemisferio	pescar	transcurrir
caribeño/a	horizonte (m)	planear	transeúntes (m, f)
cartera	inmigración (f)	planes (m)	trastornos
casino	jubilado/a	plata	trayecto
cheques (m)	llegada	poblado/a	tropical
ciudadanía	llegar	procurar	turbado/a
clima (m)	localizado/a	quejarse de	turístico/a
cosmopolita	lujoso/a	rampa	vacaciones (f)
desembocar	mareado/a	recién llegado/a	vacunado/a
direcciones (f)	megaciudad (f)	recoger	veranear
diseño de cerámicas	mestizaje (m)	recomendar	verano
distancia	miles	región (f)	visita
documentos	mudarse	regresar	visitar
dólares (m)	mundialmente	regreso	

El arte de escuchar: Diálogos cortos

Diálogo I

1. (A) En la selva.
   (B) En una ciudad grande.
   (C) En un coche.
   (D) Cerca de un banco.

2. (A) La cámara.
   (B) Los billetes de avión.
   (C) Los cheques de viajero.
   (D) El plano de la ciudad.

3. (A) Había estado en la ciudad antes.
   (B) Tenía prisa.
   (C) Tenía que recordar demasiadas cosas para el viaje.
   (D) No le importaba la ciudad.

4. (A) Van a hablar con un policía.
   (B) Van a comprar un plano.
   (C) Van a llamar un taxi.
   (D) Van a caminar al hotel.

NOW GET READY FOR THE SECOND DIALOGUE

Diálogo II

1. (A) Un viaje corto de negocios.
   (B) Un viaje de placer y relajo.
   (C) Un viaje de primera clase en avión.
   (D) Un viaje para viejos y personas jubiladas.

2. (A) Tiene muchas ganas de ver el Caribe.
   (B) Acaba de morirse su esposo.
   (C) Se encuentra muy sola.
   (D) Ha pasado un año de trastornos personales.

3. (A) Despistada y desorientada.
   (B) Triste y fastidiada.
   (C) Alegre de estar de vacaciones.
   (D) Disgustada con su vida y con el mundo.

4. (A) El hombre no le presta atención.
   (B) El hombre no la considera viajera intrépida.
   (C) El hombre está muy nervioso y mareado.
   (D) Es probable que el hombre esté medio sordo.

5. (A) Trabaja para el ayuntamiento del pueblo.
   (B) Trabaja para una agencia de viajes.
   (C) Trabaja para una compañía marítima.
   (D) Trabaja para una agencia de ancianos.

El arte de escuchar: Narraciones breves

Instrucciones: Ahora escucharás una serie de narraciones breves. Después de cada narración se te harán varias preguntas sobre lo que acabas de escuchar. Para cada pregunta elige la mejor respuesta de las cuatro opciones escritas en tu libreta de examen y rellena el óvalo correspondiente en la hoja de respuestas.

1. (A) Para españoles que viajan en Europa.
   (B) Para no residentes de Europa.
   (C) Para los jóvenes que viajan en primera clase.
   (D) Para los que quieren graduarse en el colegio.

2. (A) A viajes ilimitados de primera clase.
   (B) A viajes a sólo España, Francia y Alemania.
   (C) A viajes ilimitados con suplemento coche cama.

   (D) A viajes ilimitados entre diecisiete países europeos.

3. (A) Los descuentos no son muy grandes.
   (B) No permiten uso de coche cama.
   (C) Hay limitaciones de edad.
   (D) Hay días limitados de viajes.

4. (A) Los servicios de un guía bilingüe.
   (B) Una mochila de mediano tamaño.
   (C) Unos regalos y recuerdos.
   (D) Unas botas pesadas y duras.

El arte de escuchar: Selecciones extendidas

Instrucciones: Ahora escucharás una selección de unos cinco minutos de duración. Se te recomienda tomar apuntes en el espacio en blanco de esta hoja. Estos apuntes no serán calificados. Al final de la selección leerás una serie de preguntas sobre lo que acabas de escuchar. Basándote en la información de la selección, elige la MEJOR respuesta a cada pregunta de las cuatro opciones impresas en tu libreta de examen y rellena el óvalo correspondiente en la hoja de respuestas.

NOW GET READY FOR THE SELECTION

Instrucciones: Ha terminado esta selección. No se leerán las preguntas en voz alta, pues las tienes impresas en tu libreta de examen. Ahora pasa a la sección de **El arte de escuchar: Selecciones extendidas** para Capítulo IV y empieza a trabajar. Te quedan cuatro minutos para elegir las respuestas correctas.

1. ¿A quiénes entrevista el comentarista?
   (A) A una pareja recién casada.
   (B) A una pareja puertorriqueña.
   (C) A un matrimonio mayor.
   (D) A un matrimonio adinerado.

2. ¿Adónde quieren ir los esposos?
   (A) A unas islas románticas.
   (B) A un centro cosmopolita.
   (C) Al mismo lugar.
   (D) A lugares distintos.

3. ¿Por qué quiere ir a Buenos Aires la esposa?
   (A) Porque ya habían ido.
   (B) Porque nunca habían ido.

   (C) Porque allí puede ver partidos de fútbol.
   (D) Porque allí pasaron su luna de miel.

4. ¿Por qué quiere ir a Puerto Rico el marido?
   (A) Las temperaturas varían poco.
   (B) Porque quiere beber agua milagrosa.
   (C) Porque es un viejo tonto.
   (D) Porque su esposa quiere ir a otro lugar.

5. ¿Adónde deciden ir los dos al final?
   (A) A la capital de Argentina.
   (B) Al sitio preferido del otro.
   (C) A un estado libre asociado.
   (D) A su casa familiar.

Practicando el Vocabulario

Instrucciones: Ya no se incluye esta parte en el examen de lengua AP. Sin embargo, te la presentamos de práctica. Esta parte consiste en una serie de oraciones incompletas, cada una de las cuales ofrece cuatro posibles opciones para completarlas. Elige la opción más apropiada.

Sección I

1. Tan pronto como mi padre llegó a casa, . . . la maleta y la mochila.
   - (A) deshizo
   - (B) llevó
   - (C) cortó
   - (D) soñó con

2. El extranjero observa que hay . . . de gente en el metro.
   - (A) una ciudadanía
   - (B) un rebaño
   - (C) un hervidero
   - (D) un manojo

3. Los empleados del metro están en huelga porque quieren . . . beneficios y menos horas de trabajo.
   - (A) peores
   - (B) mejores
   - (C) pocos
   - (D) irrazonables

4. Es necesario . . . en la próxima parada del autobús.
   - (A) despegar
   - (B) abrochar
   - (C) facturar
   - (D) bajar

5. Señor, . . . ¿Cómo puedo llegar a la plaza?
   - (A) ande.
   - (B) siga.
   - (C) disculpe.
   - (D) doble.

6. Al pasajero . . . su librito con todas sus direcciones sin darse cuenta de ello.
   - (A) se le cayó
   - (B) se le cortó
   - (C) se le rompió
   - (D) se le fue

7. María está soñando despierta con quedarse en cama todo el día. Se siente muy . . .
   - (A) terca.
   - (B) chiflada.
   - (C) fiel.
   - (D) perezosa.

8. "Buenos días, señor. Oiga, por favor. ¿Me podría decir dónde está el andén del tren del norte?" "Muy buenas, señora. Pues, . . . amarilla le indica a usted donde queda."
   - (A) la azafata
   - (B) la embajada
   - (C) la flechita
   - (D) la vacuna

9. La plaza queda . . . la casa de correos.
   - (A) enfrente de
   - (B) encima de
   - (C) en el horizonte de
   - (D) en las orillas de

10. Voy a aprovechar la oportunidad de ver todos los museos de arte, . . .estoy aquí en España.
    - (A) puesto que
    - (B) como si
    - (C) con tal que
    - (D) hasta que

Sección II

1. Perdone, señor. ¿Hay que . . . este maletín también?
   - (A) aterrizar
   - (B) veranear
   - (C) facturar
   - (D) perseguir

2. Se encuentra más . . . en primera clase.
   - (A) lujo
   - (B) basura
   - (C) escala
   - (D) abuso

3. ¡Atención a los pasajeros! El vuelo va a despegar dentro de quince minutos y hay que . . . en seguida.
   - (A) hacer escala
   - (B) abordar
   - (C) caber
   - (D) aterrizar

4. Cuando los pasajeros llegan a . . . es imprescindible tener los pasaportes listos para inspección.
   - (A) la cuenta
   - (B) la despedida
   - (C) la aduana
   - (D) la tarifa

5. Tengo los cheques de viajero, el pasaporte, el boleto, y la maleta. No me . . . nada.
   - (A) aburre
   - (B) falta
   - (C) acude
   - (D) dura

6. Traje varias maletas y no me di cuenta de que no . . . debajo del asiento.
   - (A) caían
   - (B) empujaban
   - (C) resbalaban
   - (D) cabían

7. No sabía dónde estaba mi carnet. Por fin lo encontré en mi cartera. . . .
   - (A) ¡Menos mal!
   - (B) ¡Qué lo pasen bien!
   - (C) ¡No hay de qué!
   - (D) ¡Qué pena!

8. El avión está para despegar de un momento a otro, y . . . está dando las instrucciones de seguridad.
   - (A) la zapatera
   - (B) la gentuza
   - (C) la azafata
   - (D) la azteca

9. El hombre la quiere mucho. Por lo tanto, espera que . . . con él para siempre.
   - (A) se despida
   - (B) se quede
   - (C) se enrojece
   - (D) se enoje

10. La señal en la cabina indica que los pasajeros deben . . . los cinturones.
    - (A) desatar
    - (B) apagar
    - (C) aflojarse
    - (D) abrocharse

Practicando la Gramática

Instrucciones: Ya no se incluye esta parte en el examen de lengua AP. Sin embargo, te la presentamos de práctica. En esta parte, debes elegir la palabra o frase que completa la oración correctamente.

1. Me gustaría saber . . . es este maletín.
   - (A) cuyo
   - (C) quién
   - (B) a quién
   - (D) de quién

2. Necesito un mapa; no sé, pero quizá . . . comprarlo en esta papelería.
   - (A) hayamos podido
   - (C) podamos
   - (B) pudimos
   - (D) podíamos

3. ¿El billete? ¿Dónde está? . . . olvidó traerlo.
   - (A) Me
   - (C) Nos
   - (B) Se me
   - (D) A mí

4. Por mucha prisa que . . . mi abuela nunca sale sin mapa y brújula.
   - (A) esté
   - (C) está
   - (B) tenga
   - (D) tiene

5. La muchacha, . . . padre es aeromozo, puede comprar billetes con descuento.
   - (A) cuya
   - (C) cuyo
   - (B) quien
   - (D) cual

6. Me gusta que el crucero . . . por el Caribe.
   - (A) pasaba
   - (C) pasaría
   - (B) pase
   - (D) pasó

7. Señor, estos folletos son para . . .
   - (A) me.
   - (C) míos.
   - (B) mío.
   - (D) mí.

8. Me quedo en Chile desde el catorce . . . el treinta de mayo.
   - (A) a
   - (C) para
   - (B) hasta
   - (D) incluso

9. Estoy aquí totalmente perdido, sin cheques de viajero . . . cambio.
   - (A) o
   - (C) y
   - (B) ni
   - (D) u

10. A mí me . . . el dinero para comprar el boleto de ida.
   - (A) falto
   - (C) faltan
   - (B) faltaba
   - (D) falte

El arte de leer: Vocabulario y Gramática

Instrucciones: En cada uno de los siguientes pasajes se encuentran espacios en blanco donde se han omitido palabras o frases. Cada espacio en blanco tiene cuatro posibles opciones para completarlo, de las cuales sólo una es correcta.

Primero lee el pasaje rápidamente para determinar la idea general. Después léelo de nuevo detenidamente. Para cada espacio en blanco, elige la opción más apropiada de acuerdo al contexto del pasaje y rellena el óvalo correspondiente en la hoja de respuestas.

Sección I

ESTATUA DE LA LIBERTAD

Localizada en la Isla de la Libertad, la monumental estatua, __(1)__ de los símbolos más importantes de Nueva York __(2)__ cada año a miles de visitantes de todas partes del mundo. Para llegar hasta __(3)__ hay que tomar un barco desde Battery Park. Éste es un parque histórico en __(4)__ se encuentra localizado el Castle Clinton National Monument; es un fuerte reconstruido en 1912. Desde el parque __(5)__ vistas panorámicas de __(6)__ de Nueva York, la Estatua de la Libertad y de Ellis Island.

EL ESTADIO YANKEE

Para llegar al famoso Estadio de los "Bombarderos del Bronx" hay que atravesar la Calle 161 o tomar uno de varios metros. Conocido como "La Casa que construyó Ruth", este nuevo estadio __(7)__ diseñado para acomodar a más de 57.000 aficionados. Los Yankees __(8)__ este estadio en abril de 1976 con un redondo triunfo contra los Gemelos de Minnesota. El público goza de grandes vistas del campo sin obstáculo __(9)__. Entre las renovaciones se destacan varias torres y una fachada nueva. Además instalaron la primera pantalla electrónica en el mundo de béisbol para presentar repeticiones instantáneas de las jugadas.

SOUTH STREET SEAPORT

El antiguo puerto de Nueva York está transformado en un centro turístico y comercial. Está localizado sobre el río del Este donde __(10)__ la calle Fulton. Es un distrito __(11)__ del siglo XIX con calles exclusivamente __(12)__. Ofrece para el turista arquitectura histórica, __(13)__ con naves antiguas abiertas al público, más __(14)__ 100 tiendas y restaurantes, espectáculos __(15)__ y eventos especiales.

1. (A) una
   (B) uno
   (C) el
   (D) algún

2. (A) recibe
   (B) haya recibido
   (C) recibiría
   (D) reciba

3. (A) ella
   (B) la
   (C) él
   (D) le

4. (A) quién
   (B) la cual
   (C) el que
   (D) cual

5. (A) se agarran
   (B) se aprecian
   (C) se compadecen
   (D) se regañan

6. (A) la bahía
   (B) el mendigo
   (C) el pedazo
   (D) el asunto

7. (A) fue
   (B) es
   (C) era
   (D) será

8. (A) inauguraban
   (B) inauguraron
   (C) habían inaugurado
   (D) habrían inaugurado

9. (A) ninguno
   (B) ningún
   (C) alguno
   (D) cualquier

10. (A) deja
    (B) comprueba
    (C) nace
    (D) lucha

11. (A) portuario
    (B) aterrado
    (C) ruinoso
    (D) envejecido

12. (A) peatonales
    (B) bordadas
    (C) flacas
    (D) crudas

13. (A) alcaldes
    (B) sobres
    (C) muelles
    (D) porquerías

14. (A) que
    (B) de
    (C) en
    (D) aun

15. (A) callejeros
    (B) mimados
    (C) vacíos
    (D) fieles

Sección II

TURISMO DE DISIPACIÓN

El turismo se ha extendido hasta tal punto que nadie que __(1)__ ciertas aspiraciones de distinción desea ser considerado un turista. Al lado de los operadores convencionales han aparecido agencias exclusivas, puntos de encuentro de "viajeros" que seleccionan sus destinos exóticos, inauguran rutas o prueban la aventura de __(2)__ marginal. ¿Son, sin embargo, __(3)__ detestables los turistas?

En el momento de aparecer la palabra, turista era sinónimo de excelencia. Frente a la idea de travel, que __(4)__ a significar un viaje cargado de esfuerzos mercantiles, lastrado por tareas diplomáticas o misiones utilitarias, el tour sólo poseía como finalidad darse una vuelta sin un objetivo práctico, gastar el tiempo, vivir. El primer año de uso del término "turista", fijado en 1811 aludía a una actividad recreativa, superficial y libre. Tanto más agradable en cuanto implicaba la posibilidad de ir donde se deseara y hacer allí __(5)__ cosa banal.

Pero hoy ocurre prácticamente lo mismo con los infamados viajes en grupo. Frente a la laboriosidad de los periplos individualizados en busca de aventuras o conocimientos concretos, el modelo turístico sólo pretende pasar el rato.

Gracias a la organización no hay que __(6)__ por nada, ni trabajar en nada desde el momento de la inscripción. Algunos todavía __(7)__ en consultar sus guías durante el trayecto, pero lo genuino de la modalidad es dejarse llevar; el cenit del turista es no existir, dejar de ser. El operador se pone a su servicio y el turista viaja no para hacer algo __(8)__ para dejarse hacer. Hace delación de su voluntad y de él mismo incluido en el forfait. De hecho, el turismo llegó asociado a la ostentosa idea de tener tanto tiempo __(9)__ para poder perderlo y de paso, a la romántica idea de perderse en la inactividad pura, en el cero absoluto del quehacer.

El turista viaja para ver y no ser visto, para escuchar al guía y asentir. Viaja con seguro y a seguro, empaquetado y a salvo de peripecias. Bordea los barrios peligrosos de las megaciudades, circunda la selva o el río, observa al mundo y sus indígenas como un parque inocuo y natural. Mientras el viajero presume de __(10)__ contraído una malaria, el paludismo, una fiebre tropical o una deshidratación subsahariana, el turista lo tiene vacunado todo.

1. (A) mantendrá
(B) mantenga
(C) mantiene
(D) mantuvo

2. (A) lo
(B) 1a
(C) el
(D) las

3. (A) tal
(B) tanto
(C) tantos
(D) tan

4. (A) haya venido
(B) vendrá
(C) viene
(D) venía

5. (A) cualquier
(B) cualquiera
(C) cualesquiera
(D) cual

6. (A) inquietarse
(B) se inquiete
(C) inquietándose
(D) se inquieta

7. (A) se empeñan
(B) se infiltran
(C) se desposan
(D) se desbordan

8. (A) sin
(B) con
(C) sino que
(D) sino

9. (A) que
(B) como
(C) tal
(D) de

10. (A) ha
(B) habrá
(C) haber
(D) hay

El arte de leer: Gramática incorrecta

Instrucciones: En las siguientes oraciones, debes elegir la parte que hay que CAMBIAR para que la oración sea gramaticalmente correcta.

1. <u>Hace</u> dos años que Luisa <u>viaja</u> a Bolivia y se enteró <u>que</u> la familia Vásquez todavía <u>vivía</u>
      a   b   c   d
   allá.

2. Atención: los sobrecargos y yo <u>nos</u> rogamos a los pasajeros que <u>pasen</u> por la aduana con
                                       a   b
   todos los documentos necesarios para <u>entrar</u> <u>en</u> los EE. UU.
                                            c   d

3. --Señora, <u>esta</u> llave no funciona bien y no quiero <u>quedarme</u> aquí en el pasillo.
                a   b
   --Señor Smith, lo siento; <u>el suyo</u> no es de la habitación ciento dos <u>sino</u> de la doscientos dos.
                                     c   d

4. ¡<u>Bienvenidos</u>, Dora! <u>Pasa</u> y <u>dime</u> qué <u>has</u> hecho.
      a   b   c   d

5. Señor Estrella, si <u>tiene</u> Ud. una queja, <u>llame</u> a la asistenta, <u>explícale</u> el problema, y no
                       a   b   c
   <u>se preocupe</u>.
      d

6. ¡<u>Qué</u> fotos <u>tantas</u> <u>bonitas</u>! <u>Quisiera</u> ver más.
     a   b   c   d

7. A todas horas pensaba <u>en</u> <u>la</u>. ¡Cómo me <u>habría gustado</u> que <u>hubiera venido</u>!
                        a b   c   d

8. Marta tiene menos <u>que</u> tres maletas y Jaime <u>trae</u> <u>lo mismo</u>; ¿van a <u>caber</u> debajo de los
                        a   b c   d
   asientos?

9. El tren de vapor se <u>va convirtiendo</u> <u>en</u> un medio popular de <u>viajar</u> y sigue <u>ser</u> pintoresco.
                       a   b   c   d

10. Los franceses, <u>cuyo</u> lugar más romántico <u>está</u> París, <u>han bajado</u> los precios de los mejores
                   a   b   c
    hoteles en <u>esta</u> incomparable ciudad.
          d

El arte de leer: Lectura

Lectura I

Debería ser obligatorio que, al menos una vez al año, cada español tuviera que viajar a Latinoamérica. La ausencia y la distancia han creado un sinfín de malentendidos y de prejuicios a lo largo de 500 años de relaciones tumultuosas, pasionales, ambivalentes e intensas.

5 Resulta chocante que desde 1492 hasta hace 15 años ningún soberano español visitara las tierras y las gentes a las que se explotaba sin piedad en su nombre.

El contacto directo y de primera mano es imprescindible, no sólo para entender aquel inmenso y variado continente sino para comprendernos los españoles a nosotros mismos, cosa nada fácil.

10 Todos nuestros defectos y virtudes están expuestos en América a la vista del espectador, sin trampa ni cartón. Es como una reproducción a gran escala, corregida y aumentada por otras influencias, de este microcosmos que habitamos y que tantos quebraderos de cabeza nos procura.

La primera impresión que viene a la mente cuando se visita Latinoamérica es que la
15 propagación del idioma y el mestizaje, que son las dos cosas más asombrosas, no fueron hechas por orden de la Corona ni de la Iglesia, sino, todo lo contrario, por los españoles de a pie.

El españolito que salía corriendo de nuestro país, bien porque le perseguían los poderes públicos locales o bien porque no tenía qué llevarse a la boca, llegaba a América, veía
20 aquella riqueza y aquella inmensidad llena de posibilidades y lo único que quería era quedarse tranquilo viviendo en una casita con jardín al río, cazando algún animal de vez en cuando, pescando y comiendo papayas junto a dos o tres nativas para fundar una familia como Dios manda.

1. ¿A qué se debe la falta de comprensión de la cultura latinoamericana por parte de los españoles?
(A) Los soberanos españoles no han visitado el continente americano hasta hace quince años.
(B) La distancia de tiempo y de espacio.
(C) Muchos años de relaciones tumultuosas con los latinoamericanos.
(D) La negación de los problemas que han producido los españoles.

2. ¿Qué opinión tiene el autor hacia la llegada de los españoles al continente latinoamericano?
(A) Cree que los españoles nunca debieron haber viajado a Latinoamérica.
(B) Le parece que los españoles en realidad llegaron en paz.
(C) Dice que los españoles lo conquistaron cruelmente.
(D) Explica que los españoles trajeron una gran variedad de prejuicios y problemas.

3. Hacer un viaje a Latinoamérica es necesario para cada español porque así

   (A) puede apreciar paisajes inmensos y variados.

   (B) comprenderá mejor los grandes cambios en la lengua española.

   (C) sería muy bonito pasar las vacaciones allá.

   (D) puede conocerse mejor.

4. La primera cosa que se nota al visitar Latinoamérica es

   (A) la gran extensión de la lengua y de la mezcla de razas.

   (B) el número de gente que caza y pesca.

   (C) la influencia de la Corona y la Iglesia de España.

   (D) la falta de comprensión entre los europeos y los indígenas.

5. Según este artículo, el españolito de a pie es

   (A) el soldado que llevaba sus prejuicios a Latinoamérica.

   (B) el hombre común que quería vivir en paz.

   (C) el que fue mandado por la Corona Española.

   (D) el español que quería cristianizar a los nativos.

Lectura II

Todo el mundo sabe que los indios caribes eran caníbales. Esto quedó grabado de manera indeleble en la mente de los europeos después que los hombres de Colón desembarcaron por primera vez en Guadalupe, recorrieron una aldea que los caribes habían abandonado apresuradamente y tropezaron con un caldero puesto a hervir pacíficamente. Como era
5 previsible, uno de los hombres levantó la tapa para enterarse de lo que se proponían cenar los indígenas y retrocedió asqueado al descubrir lo que allí se cocía.

Este descubrimiento electrizante encasilló a los caribes como salvajes de allí en adelante, pero el estereotipo fue injusto. Eran caníbales fieros, por cierto, pero también consumados navegantes que llevaron a cabo las travesías más audaces de la América precolombina.
10 Lejos de ser pescadores primitivos que se derrumbaban medio ahogados cuanta isla nueva a la que les arrojaran las tormentas, recorrieron el Mar Caribe a voluntad, cual vikingos del Nuevo Mundo.

En algún momento de su historia los caribes emprendieron una emigración desde lo que es hoy día Venezuela . . . hasta llegar al pasaje de Anegada, una isla caribeña, que era una
15 amplia barrera marítima y a menudo borrascosa. Esta isla resultó demasiado poderosa para los caribes y esto los obligó a interrumpir su emigración, pero no su navegación.

Los arahuacos, otra tribu indígena, como los caribes eran oriundos del delta selvático del Orinoco y según una leyenda, las dos tribus se odiaban. Los arahuacos fueron los primeros que emigraron hacia las Antillas Menores del Caribe . . . puliendo una cultura que les
20 llamó la atención a los primeros europeos por su modo de vida equilibrado, saludable y pacífico.

Es significativo el hecho de que cuando los españoles irrumpieron en escena los caribes pudieran sobrevivir a la conquista española. Inclusive prosperaron asaltando los nuevos asentamientos, desafiando a la cruz y la espada. Durante casi dos siglos después de la
25 exterminación masiva de los arahuacos, los caribes siguieron constituyendo una fuerza de peso en el Caribe oriental. Cuando por fin se retiraron de regreso a sus selvas de origen, en Venezuela, habían estampado su nombre en el mar que una vez les perteneció.

1. ¿Cuándo se descubrió definitivamente que los caribes eran caníbales?
   (A) Cuando los caribes les prepararon una elegante y lujosa cena de bienvenida a los españoles.
   (B) Cuando unos arahuacos descubrieron que los indios cocinaban seres humanos.
   (C) Cuando los arahuacos fueron capturados y torturados por los caribes.
   (D) Cuando Colón y sus hombres llegaron al Caribe.

2. ¿Qué tipo de gente marítima eran los caribes?
   (A) Eran grandes pescadores fructíferos.
   (B) Eran náufragos y ahogados.
   (C) Eran hombres fuertes y audaces.
   (D) Eran caníbales pacíficos y sagaces.

3. ¿Cómo eran las relaciones entre los caribes y los arahuacos?
   (A) Estrechas y amistosas.
   (B) Mutuas de apoyo y comprensión.
   (C) Basadas en la vida marítima.
   (D) Rencorosas y hostiles.

4. ¿Cómo era la civilización de los arahuacos?
   (A) Era muy primitiva y feroz.
   (B) Se basaba en la navegación y la pesca.
   (C) Era admirable por ser saludable y pacífica.
   (D) Era nómada e inestable.

5. A pesar de la conquista española los caribes se aprovecharon de
   (A) sus relaciones belicosas con los recién llegados.
   (B) los arahuacos en el Caribe.
   (C) sus costumbres caníbales para asustar a los españoles.
   (D) sus conocimientos marítimos para regresar a Venezuela.

6. ¿Cuál sería el mejor título para este artículo?
   (A) "Los caribes: maravillosos navegantes del Nuevo Mundo"
   (B) "El odio entre los arahuacos y los caribes"
   (C) "La sorprendente cocina caribeña"
   (D) "La difusión de los indios primitivos por el Caribe"

El arte de escribir: Vocabulario

Sección I

Hubo un tiempo en que, para muchos, Grand Central Terminal era una estación de trenes sin interés __(1)__ en un solar de extremo valor. Fue construida de 1903 a 1913 y es de estilo renacentista. Corría el año 1954 y los planes __(2)__ para la construcción de una torre de oficinas en el emplazamiento de la estación se aplazaron durante años. En 1968 Penn Central, compañía que ostentaba en __(3)__ época la propiedad, se propuso llevar adelante __(4)__ planes de demolición pero, 14 años __(5)__ transcurrido desde la primera propuesta y desde que otras cosas importantes habían pasado en la ciudad. Hoy 76 años después de su inauguración, y tras 196 millones de dólares gastados en una espectacular restauración, Grand Central Terminal __(6)__ con un esplendor que ha sorprendido incluso a los neoyorquinos.

Hoy día __(7)__ por las puertas de la calle 42, justo a la altura de Park Avenue y debajo de la impresionante rampa que desvía el tráfico sobre la cabeza de los transeúntes, se atraviesa la antigua sala de espera, ahora __(8)__ "Sala Vanderbilt" y se desemboca en la sala principal del edificio. La grandiosidad de la sala, en __(9)__ que entra la luz por más de 100.000 paneles de cristal armados en espectaculares ventanales de hierro, contrasta con la elegancia del diseño donde la limpieza de líneas y la belleza de las perspectivas han sido ahora __(10)__ a su mayor esplendor por la restauración llevada a cabo por la firma del arquitecto John Selle, el mismo que en su día realizó la recuperación del entorno histórico de la Isla de Ellis.

1. _____ (situado)

2. _____ (inicial)

3. _____ (aquel)

4. _____ (definitivo)

5. _____ (haber)

6. _____ (brillar)

7. _____ (entrar)

8. _____ (denominado)

9. _____ (el)

10. _____ (devuelto)

Sección II

Yo __(1)__ un viaje a las Islas Canarias el año pasado. Para __(2)__ tuve que solicitar un pasaporte y comprar ropa __(3)__. Mientras esperaba el pasaporte, __(4)__ a mi hermano __(5)__ agencia de viajes estaba en el centro de la ciudad. Desgraciadamente mi hermano me dijo que no quedaba ningún asiento en el vuelo del diecisiete. Pero __(6)__, y con un __(7)__ alivio emocional, yo __(8)__ un asiento para el dieciocho.

1. _____ (hacer)

2. _____ (prepararse)

3. _____ (nuevo)

4. _____ (llamar)

5. _____ (cuyo)

6. _____ (afortunado)

7. _____ (grande)

8. _____ (encontrar)

El arte de escribir: Verbos

Instrucciones: En cada una de las siguientes oraciones, se ha omitido un verbo. Completa cada oración escribiendo en la línea numerada la forma y el tiempo correctos del verbo entre paréntesis. Es posible que haga falta más de una palabra. En todo caso debes usar un tiempo del verbo entre paréntesis.

Sección I

1. Solamente después de que el avión __(1)__ y sepamos que nuestra hija está bien, vamos a volver a nuestro coche.

2. Mis padres no pudieron dejar de temblar hasta que el avión __(2)__ escala en Arequipa.

3. __(3)__ de nuestros nuevos amigos, nos marchamos para las Islas Canarias.

4. No estoy segura, pero es muy posible que ellos __(4)__ de México.

5. Si yo __(5)__ dinero, habría viajado a Cuba.

6. Si tú __(6)__ la Feria de Sevilla , te divertirás toda una semana.

7. La cerámica ha __(7)__ hecha por los artesanos de esta región.

8. La última vez que fuimos a verte, nosotros __(8)__ nuestros pasaportes y visados en la oficina de emigración.

9. Compra una maleta grande para que __(9)__ ropa suficiente para una semana.

10. La azafata nos dijo que __(10)__ lo más pronto posible.

1. _____ (despegar)

2. _____ (hacer)

3. _____ (Despedirse)

4. _____ (ser)

5. _____ (tener)

6. _____ (visitar)

7. _____ (ser)

8. _____ (recoger)

9. _____ (caber)

10. _____ (sentarse)

Sección II

1. Estando de prisa, María Teresa espera que el avión __(1)__ lo más pronto posible.

2. Antes de confirmar mi billete, yo __(2)__ cola por cuarenta minutos aburridos.

3. Mientras sean jóvenes, __(3)__ Uds. toda oportunidad de viajar a lugares exóticos y desconocidos.

4. Nosotros, __(4)__ el enojo de otros pasajeros en la cola, nos colamos sin prestar atención.

5. Me alegré haber __(5)__ una ficha de identificación en cada maleta.

6. Si __(6)__ sentarme al lado de la ventanilla, vería mejor el despegue y el aterrizaje.

7. Durante los años cincuenta, Chile __(7)__ el mejor cobre del mundo. Ahora no tanto.

8. La señal avisa que todos los pasajeros __(8)__ los cigarrillos inmediatamente.

9. Si los exploradores hubieran __(9)__ bien el mapa, no se habrían perdido con tanta frecuencia.

10. El meteorólogo recomendaba que los pilotos __(10)__ el vuelo por tres horas.

1. _____ (aterrizar)

2. _____ (hacer)

3. _____ (aprovechar)

4. _____ (arriesgar)

5. _____ (poner)

6. _____ (poder)

7. _____ (producir)

8. _____ (apagar)

9. _____ (leer)

10. _____ (demorar)

El arte de escribir: Ensayos

Ensayo I: El transporte y el turista

Cuando uno es turista en un país extranjero uno de los problemas es el de saber cuál de los medios de transporte es el más eficiente dentro del país. Compara los posibles problemas y beneficios que un turista puede encontrar al utilizar el metro en lugar de un coche alquilado dentro de una ciudad muy poblada.

Ensayo II: Otro continente, otra vida

Imagínate que naciste en un país de otro continente. Describe tu vida allí y de qué modo sería distinta de la que tienes ahora. También explica qué vida preferirías y por qué.

Ensayo III: La visita de un amigo

Tienes un amigo que quiere pasar sus vacaciones de verano en un nuevo sitio. Escríbele una carta tratando de convencerle para que venga a pasar las vacaciones contigo en tu pueblo. Explícale por qué crees que es mejor que tu amigo pase las vacaciones contigo.

_____

_____

_____

_____

_____

Ensayo IV: Los viajes

Imagina que vas a hacer un viaje mañana a cualquier país extranjero. Es verano y vas en avión y vas a pasar dos semanas de vacaciones. Escríbele a un amigo una carta en la que le describas todos los preparativos que has hecho desde la visita a una agencia de viajes hasta el momento en que vas a abordar el avión.

_____

_____

_____

_____

_____

El arte de hablar: Serie de dibujos

Directions: You will now be asked to speak in Spanish about these pictures. Note that there are six pictures on the two pages. First you will hear some instructions in Spanish. After these instructions, you will have two minutes to think about the pictures and two minutes to tell the story suggested by the pictures. Although you may spend more time describing what happens in some pictures than in others, you should try to talk about all of the pictures as you tell the story. No tone will sound between pictures. Move directly from one picture to the next. In describing the pictures and the story they tell, you should use as much of the response time as possible. You will be scored not only for the appropriateness and grammatical correctness of your response, but also for your range of vocabulary, pronunciation, and overall fluency. If you hear yourself make an error as you are speaking, you should correct the error. Do not start your tape recorder until you are told to do so.

Instrucciones: Los dibujos que tú ves representan un cuento. Utilizando los dibujos, interpreta y reconstruye esta historia. Tu nota se basará no sólo en tu precisión gramatical sino también en la amplitud de tu vocabulario, tu claridad y tu fluidez.

Ahora empieza a pensar en los dibujos.

R con R cigarro,
R con R barril,
rápido corren los carros
cargados de azúcar al
ferrocarril.

1

2

3

4

5

6

1

2

3

4

5

6

El arte de hablar: Preguntas y Respuestas

Directions: Now you will be asked to respond to a series of questions. Listen carefully to each question, since your score will be based on your comprehension of the questions, as well as the appropriateness, grammatical accuracy, and pronunciation of your response. You should answer each question as extensively and as fully as possible. If you hear yourself make an error, you should correct the error. If you are still responding when you hear the speaker say, "Now we will go on to the next question," stop speaking and listen. Do not be concerned if your response is incomplete.

Each question will be spoken twice. The questions are not printed in your booklet. In each case, you will have 20 seconds to respond. For each question, wait until you hear the tone signal before you speak. The questions are about traveling.

First you will hear a practice question that will not be scored. Do not record your answer. Here is the practice question.

El Capitán dijo:
¡ Abordar el barco!
Y ¡Qué precioso quedó el barco!

CAPÍTULO V
LOS PASATIEMPOS

ⁱⁱⁱⁱⁱⁱⁱⁱⁱⁱⁱ M O D I S M O S !!!!!!!!!!!!

La duquesa de Alba siempre hacía lo que *le daba la real gana.*
Siempre *tenía ganas de* hacer lo que quería.

Los pasajeros prudentes nunca *hacen alarde de* su dinero.

?

JUEGOS DE PALABRAS

Hoy día es muy *corriente* pagar el agua *corriente y la corriente* eléctrica con cheques de una *cuenta corriente.*

En mi época cuando quería que *pasara rápido el tiempo,* me gustaba leer para *matar el tiempo. Muchas veces* esto pasaba cuando *hacía mal tiempo* y no podía llegar *a tiempo* a la casa de mi novia para *la hora de* cenar.

Al prepararse para *la conferencia,* los estudiantes tienen que leer mucha *lectura* literaria y filosófica

COLECCIONAR
cerámicas
cuadros
discos
miniaturas
monedas
muñecas
sellos
tarjetas de deportes

IR DE CAMPING
botiquín de medicinas (m)
campista (m, f)
equipaje (m)
fogata
intemperie (f)
montañero/a
tienda de campaña

RAZONES
calmarse
descansar
entretenerse
reír a carcajadas

PATROCINAR LAS ARTES

IR AL CINE
filmado/a
filmes (m)
pantalla
película

IR AL TEATRO
butacas
estreno
guión (m)

IR A UN CONCIERTO
disco compacto
discos de vinilo
guitarra
grabación (f)
grabar
tocar un instrumento

LOS PASATIEMPOS

Disfruta, come y bebe; que la vida es breve.

ACTIVIDADES

buscar aventuras
cazar perdices (m)
dar una caminata
esbozar dibujos
hacer una cadena de flores
ir a una fiesta
jugar al boliche (m)
jugar al escondite (m)
jugar a la rayuela
leer tiras cómicas
montar en bicicleta

PALABRAS ÚTILES

advertir	destellos
afiches (m)	destacar
aguardar	disponible
aplazar	entablar
aportar	gatillo
arrancar	onírico/a
arrugar	refunfuñar
comprobar	risueño/a
cotidiano/a	silbar
desarrollo	

ACTIVIDAD →	**ACCESORIOS** →	**RESULTADOS**
dibujar	pincel (m) y lienzo	tener placer estético
ir de camping	tienda y mochila	apreciar el medio ambiente
jugar al ajedrez	tabla y piezas	divertirse
tejer un suéter	aguja e hilo	regalarle algo a alguien
pasearse	bastón (m)	renovarse
montar a caballo	riendas y bocado	aliviarse del estrés
participar en el tiro al arco	arco y flechas	amenguar el aburrimiento

Y MÁS

alcanzar	buscadores/as	disfrutar	guitarrista (m,
alpinistas (m, f)	búsqueda	diversiones (f)	ligero/a
alquilar	camuflado/a	elegir	paso
artesanía	conceder	escalerilla	posarse
artesano/a	conveniente	esfuerzo	proponer
ascender	decorar	estimular	recreativo/a
batir	decorativo/a	exhibirse	tejido/a
bichos	descanso	extraterrestres (m, f)	tirar

El arte de escuchar: Diálogos cortos

1. (A) Unos hermanos.
   (B) Unos primos.
   (C) Unos amigos.
   (D) Unos novios.

2. (A) A la casa de su tío vivo.
   (B) A un parque ruso en las montañas.
   (C) A la casa de sus amigos.
   (D) A la feria.

3. (A) Que llame a los amigos.
   (B) Que la acompañe.
   (C) Que monte al tiovivo.
   (D) Que le pague la entrada.

4. (A) Asusta más.
   (B) La vuelta es más larga.
   (C) Va más rápido.
   (D) A Carmen le encanta.

5. (A) Acompañar a la muchacha.
   (B) Quedarse dormido en casa.
   (C) Llamar a los amigos.
   (D) Aprovechar el buen tiempo.

El arte de escuchar: Narraciones breves

1. (A) Hace ejercicio y levanta pesas.
   (B) Juega a soldados y espías.
   (C) Caza faisán.
   (D) Mata dibujos de figuras humanas.

2. (A) Porque les gusta matar.
   (B) Porque son fáciles de jugar.
   (C) Porque los juegan tantos otros jóvenes.
   (D) Porque los sicólogos los desprecian.

3. (A) Los jóvenes esconden sus instintos de compasión y comprensión.
   (B) Los jóvenes no prestan atención a los deportes.
   (C) Los jóvenes desarrollan relaciones criminales.
   (D) Los jóvenes prefieren pasar sus horas libres en casa.

4. (A) Didáctico.
   (B) Narrativo.
   (C) Satírico.
   (D) Humorístico.

El arte de escuchar: Selecciones extendidas

1. ¿Por qué habla la reportera con el especialista?
   (A) El reportero quiere ir a acampar dentro de poco.
   (B) El especialista conoce a la reportera.
   (C) El público quería saber más sobre el especialista.
   (D) Hubo un accidente durante una acampada.

2. ¿Qué no mencionan como importante para llevar durante una acampada corta?
   (A) Necesidades médicas.
   (B) Fósforos.
   (C) Crema contra la quemadura del sol.
   (D) Comida.

3. ¿Para qué sugiere el especialista que se lleve jabón?
   (A) Para lavar la ropa en caso de un accidente.
   (B) Para hacer una buena sopa cuando uno tiene hambre.
   (C) Para limpiar la mochila.
   (D) Para lavarse las lesiones.

4. ¿Qué se debe llevar para impedir un desastre imprevisible?
   (A) Una brújula y un mapa.
   (B) Un cuchillo y pedacitos de leña.
   (C) Una mochila grande.
   (D) Unas aspirinas y protección contra los bichos.

5. ¿Cuál es la preparación más importante de todas?
   (A) Decirle a alguien adónde vas.
   (B) Sólo salir de caminata cuando hace buen tiempo.
   (C) Comprar comida y agua especiales.
   (D) Encontrar una mochila bastante grande.

Practicando el Vocabulario

Instrucciones: Ya no se incluye esta parte en el examen de lengua AP. Sin embargo, te la presentamos de práctica. Esta parte consiste en una serie de oraciones incompletas, cada una de las cuales ofrece cuatro posibles opciones para completarlas. Elige la opción más apropiada.

1. Para su luna de miel los novios Saenz decidieron hacer . . .
   - (A) un crucigrama.
   - (B) un crucero.
   - (C) un rompecabezas.
   - (D) una cita.

2. Puede ser que Jorge Lucas . . . una película todas las noches para relajarse.
   - (A) frena
   - (B) tira
   - (C) alquile
   - (D) entretiene

3. Recuerdo bien las manos de mi abuelita que siempre . . . su costura con tanto cariño.
   - (A) dibujaban
   - (B) escalaban
   - (C) buceaban
   - (D) tejían

4. Como sabían que sus padres llegarían muy pronto y que la casa estaba muy sucia, los hijos . . . muy nerviosos.
   - (A) se acordaron
   - (B) se paseaban
   - (C) se pusieron
   - (D) se divertían

5. Es necesario . . . la aspiradora por la alfombra.
   - (A) correr
   - (B) pasar
   - (C) esconder
   - (D) hacer

6. Cecilia, ayúdame a hacer la cama. ¿Dónde están . . . limpias?
   - (A) las sábanas
   - (B) las yemas
   - (C) las lágrimas
   - (D) las compras

7. La cara . . . de la madre nos indica que lo sabe todo y, además, está contenta.
   - (A) dolorosa
   - (B) pálida
   - (C) risueña
   - (D) afligida

8. El mantel estaba muy arrugado. Por consiguiente, íbamos a . . .
   - (A) fregarlo.
   - (B) quitar el polvo.
   - (C) barrerlo.
   - (D) plancharlo.

9. Después de la celebración, el sofá quedó muy sucio con . . . enorme de salsa de tomate.
   - (A) un trozo
   - (B) una tiza
   - (C) una mancha
   - (D) un alma

10. Tienen mucho que hacer en muy poco tiempo. Deben . . .
   - (A) estar de buenas.
   - (B) darse prisa.
   - (C) darse la mano.
   - (D) estar para descansar.

Practicando la Gramática

1. La semana pasada encontraron a los jóvenes que se . . . hacía un mes.
   - (A) pierden
   - (B) habían perdido
   - (C) han perdido
   - (D) hubiesen perdido

2. ¿Por qué . . . que no los descubrieron en la cueva?
   - (A) fueron
   - (B) siendo
   - (C) sería
   - (D) fuese

3. Muchas gracias . . . la información.
   - (A) para
   - (B) para que
   - (C) por
   - (D) de

4. Los artesanos tienen menos . . . un mes para experimentar.
   - (A) que
   - (B) de
   - (C) más
   - (D) tan

5. Sin . . . con nuestro especialista, no habríamos sabido el paradero de los campistas.
   - (A) habernos comunicado
   - (B) nos hemos comunicado
   - (C) comunicándonos
   - (D) nos comunicamos

6. Siempre sueño . . . mi niñez.
   - (A) a
   - (B) por
   - (C) en
   - (D) con

7. No me gusta ni hablar por teléfono . . . escribir cartas.
   - (A) ni
   - (B) sino
   - (C) o
   - (D) y

8. ¿Por qué . . . lo mencionaron a él?
   - (A) le
   - (B) se
   - (C) nos
   - (D) les

9. Busco un coche que . . . pequeño, deportivo, y barato.
   - (A) es
   - (B) está
   - (C) será
   - (D) sea

10. Fui a la fiesta con Isabel. Pero salió antes que. . .
    - (A) me.
    - (B) mí.
    - (C) yo.
    - (D) ella.

El arte de leer: Vocabulario y Gramática

Sección I

La vida de este artista está tejida de paradojas. No __(1)__ pronunciar una sola palabra en castellano cuando __(2)__ de la guitarra española. Su apellido __(3)__ a la industria del motor, y sin embargo, no tiene coche y está __(4)__ de viajar en tren de cercanías. Adolfo Toyota (Okinawa, 1955) es un japonés que desde niño __(5)__ un tesoro - los discos de Paco de Lucía - y una ilusión, vivir en Madrid y transmitir con la guitarra española unos sentimientos a __(6)__ su timidez ponía barreras. Se marchó con su familia a Filipinas, y en su decimotercer cumpleaños su hermano __(7)__ regaló el preciado instrumento al que __(8)__ de oído, los primeros acordes. Con 16 años ya actuaba en bares de Manila y dos años más tarde debutó como profesional. Para entonces, se le consideraba en Filipinas un virtuoso de la guitarra española, pero decidió __(9)__ en su estudio y para eso se marchó al American Institiute of Guitar, de Nueva York, donde permaneció desde 1984 a 1986. En esa __(10)__ conoció a su más admirado profesor, el guitarrista Sabicas. Pero ésa sólo fue la escala de un viaje definitivo que terminó en Madrid hace once años. Adolfo Toyota se asentó en el municipio de Móstoles, donde se dedica __(11)__ impartir clases de guitarra en casa y en un colegio, a la vez que compone y repara estos instrumentos. Comparte estas tareas con los conciertos dentro y fuera de España. Acaba de sacar al mercado su segundo disco, Guitar Juice, un zumo de guitarra en __(12)__ se mezcla el flamenco con la música intimista y el *new age*.

1. (A) supo
   (B) sabía
   (C) supiera
   (D) habría sabido

2. (A) se enamoró
   (B) se enamorará
   (C) se enamore
   (D) se habrá enamorado

3. (A) culpa
   (B) promete
   (C) resulta
   (D) recuerda

4. (A) encantados
   (B) encantada
   (C) encantado
   (D) encantadas

5. (A) guardaba
   (B) guardaría
   (C) guardó
   (D) guarde

6. (A) la cual
   (B) los que
   (C) el que
   (D) lo cual

7. (A) lo
   (B) la
   (C) le
   (D) les

8. (A) aportó
   (B) tradujo
   (C) batió
   (D) ensoberbeció

9. (A) profundizar
   (B) esbozar
   (C) sanar
   (D) pormenorizar

10. (A) junta
    (B) cita
    (C) etapa
    (D) meta

11. (A) de
    (B) en
    (C) a
    (D) con

12. (A) la que
    (B) el que
    (C) las cuales
    (D) los cuales

Sección II

No eran __(1)__ de las cámaras de los paparazzi lo que __(2)__ tenían nerviosa. Ni siquiera el tumulto de las cámaras de televisión que seguían sus pasos durante el estreno de *Godzilla* hizo que se __(3)__. Pero lo que sí estaba aterrorizando a Gidget, la estrella de los picantes anuncios de televisión de Taco Bell, eran los muchos pies. "Hay una cosa que le da miedo", dice Sue Chípperton, su entrenadora. "Que la __(4)__ a pisar."

No se puede culpar. La chihuahua de 8 libras que es el centro de la campaña publicitaria de $60 millones de la cadena de comida, __(5)__ sólo 11 pulgadas. Pero gracias a su famosa línea, "Yo quiero Taco Bell!", se __(6)__ en lo más grande en la publicidad desde que Budweiser __(7)__ a Spuds Mackenzie en el alma de las fiestas de los años ochenta. Una encuesta de USA *Today* encontró que estos segmentos figuran entre los comerciales más efectivos de la década. Dicha reacción motivó a Taco Bell a grabar nueve anuncios adicionales (__(8)__ uno en que la perrita usa una boina estilo Che Guevara y proclama: "Viva Gorditas!") y comenzó a vender camisetas y afiches de Gidget.

Pero no todos están dando __(9)__ de alegría. Los anuncios, en __(10)__ aparece Gidget hablando inglés también, han generado críticas por parte de algunos latinos que se quejan de que el marcado acento en español que se usa insulta a los hispanos. "Eso abre las puertas a la discriminación y los prejuicios", __(11)__ el Dallas *Morning News,* mientras en Florida un miembro de la Liga de Ciudadanos Latinoamericanos Unidos llamó a un boicoteo de la cadena de comida rápida. Taco Bell y la agencia publicitaria insisten en que no han hecho nada incorrecto. "La perrita es audaz y lista", dice Clay Williams. "Nuestra intención nunca fue ofender."

1. (A) las pantallas
   (B) los destellos
   (C) las orillas
   (D) los tiros

2. (A) los
   (B) lo
   (C) la
   (D) las

3. (A) acobarda
   (B) acobardó
   (C) acobardara
   (D) acobardaba

4. (A) van
   (B) fueron
   (C) iban
   (D) vayan

5. (A) mide
   (B) falla
   (C) aspira
   (D) platica

6. (A) habrá convertido
   (B) habría convertido
   (C) hubiese convertido
   (D) ha convertido

7. (A) convirtiera
   (B) convertirá
   (C) convirtió
   (D) convertía

8. (A) incluir
   (B) incluía
   (C) incluyendo
   (D) incluya

9. (A) bandejas
   (B) vendajes
   (C) olas
   (D) aullidos

10. (A) la cual
    (B) lo que
    (C) los que
    (D) lo cual

11. (A) refunfuñó
    (B) silbó
    (C) tronó
    (D) ahorró

El arte de leer: Gramática incorrecta

Instrucciones: En las siguientes oraciones, debes elegir la parte que hay que CAMBIAR para que la oración sea gramaticalmente correcta.

1. Anoche <u>soñé</u> <u>de</u> una estudiante <u>que</u> se llama Ana. Es la más vivaz <u>de</u> la clase y la más
      a   b   c   d
bonita.

2. <u>Me</u> alegré <u>de</u> que la fiesta <u>estuviera</u> en la casa de María porque había mucho que <u>hacer</u>
  a   b   c   d
allá.

3. <u>El</u> arte <u>italiana</u> que está en <u>este</u> museo es una exposición <u>especial</u> de Madrid.
  a   b   c   d

4. Si <u>habría</u> <u>tenido</u> el dinero, <u>habría</u> comprado <u>aquel</u> auto nuevo.
       a   b   c   d

5. No me <u>gusta</u> el coche automático <u>pero</u> <u>el</u> <u>de</u> palanca de cambio.
         a   b c d

6. El mecánico <u>quería decirnos</u> que no <u>funcionaran</u> <u>las</u> luces <u>del</u> salpicadero.
                a   b   c   d

7. Los jóvenes, <u>cuyos</u> amigas son muy <u>habladoras</u>, hablan <u>por</u> teléfono cuatro o cinco horas
                a   b   c
<u>diarias</u>.
  d

8. <u>Hubo</u> un accidente a las siete <u>en la</u> noche y la culpa <u>fue</u> <u>suya</u>.
  a   b   c d

9. ¿<u>Quién</u> es <u>este</u> vaso? ¿<u>Dónde</u> debo <u>ponerlo</u>?
   a   b   c   d

10. <u>El</u> programa esta noche <u>es</u> <u>cómico y variado</u>. ¡Qué <u>tal</u> divertido!
   a   b   c   d

El arte de leer: Lectura

Lectura I

Siempre había hecho alarde de tener una mente científica, inmune a cualquier presión exterior que intentase alterar su rigurosa visión empírica del universo. Durante su adolescencia se había permitido algunos coqueteos con las teorías freudianas sobre la interpretación de los sueños, pero la imposibilidad de confirmar con la experiencia las
5 conclusiones del maestro le hizo perder muy pronto el interés en sus teorías. Por eso, cuando soñó por primera vez con el vehículo espacial no le dio importancia a esa aventura y a la mañana siguiente había olvidado los pormenores de su sueño.

Pero cuando éste se repitió al segundo día comenzó a prestarle atención y trató con relativo éxito de reconstruir por escrito sus detalles. De acuerdo con sus notas, en ese sueño se veía
10 a sí mismo en el medio de una llanura desértica con la sensación de estar a la espera de que algo muy importante sucediera, pero sin poder precisar qué era lo que tan ansiosamente aguardaba.

A partir del tercer día el sueño se hizo recurrente adoptando la singular característica de completarse cada noche con episodios adicionales, como los filmes en serie que solía ver en
15 su niñez. Se hizo el hábito entonces de llevar una especie de diario en que anotaba cada amanecer las escenas soñadas la noche anterior. Releyendo sus notas que cada día escribía con mayor facilidad porque el sueño era cada vez más nítido y sus pormenores más fáciles de reconstruir le fue posible seguir paso a paso sus experiencias oníricas.

De acuerdo con sus anotaciones, la segunda noche alcanzó a ver el vehículo espacial
20 descendiendo velozmente del firmamento. La tercera lo vio posarse con suavidad a su lado. La cuarta contempló la escotilla de la nave abrirse silenciosamente. La quinta vio surgir de su interior una reluciente escalera metálica. La sexta presenciaba el solemne descenso de un ser extraño que le doblaba la estatura y vestía con un traje verde luminoso. La séptima recibía un recio apretón de manos de parte del desconocido. La octava ascendía
25 por la escalerilla del vehículo en compañía del cosmonauta y, durante la novena, curioseaba asombrado el complicado instrumental del interior de la nave. En la décima noche soñó que iniciaba el ascenso silencioso hacia el misterio del cosmos, pero esta experiencia no pudo ser asentada en su diario porque no despertó nunca más de su último sueño.

1. El narrador se consideraba a sí mismo

    (A) realista.

    (B) idealista.

    (C) persona corriente.

    (D) estudiante de Freud.

2. ¿Por qué al narrador no le llamó mucho la atención el primer sueño?

    (A) No lo había soñado completamente.

    (B) No concordó con la experiencia.

    (C) Ya no tenía interés en interpretar los sueños.

    (D) No pudo recordarlo fácilmente.

3. ¿Por qué mantenía un diario?

    (A) Quería hacer una investigación de extraterrestres.

    (B) Tenía interés en las teorías de Freud.

    (C) Quería recordar los detalles de sus sueños.

    (D) Deseaba comprobar que había volado en una nave espacial.

4. El cosmonauta del vehículo espacial era

    (A) amistoso.

    (B) antipático.

    (C) alegre.

    (D) indiferente.

5. ¿Por que no escribió nada en su diario la décima noche?

    (A) Se durmió muy tarde.

    (B) Se falleció.

    (C) Por fin se sentía cómodo al lado del ser extraño.

    (D) Despegó en el vehículo espacial.

6. Un título apropiado para este pasaje sería . . .

    (A) "La ciencia y los cosmos"

    (B) "Un vehículo espacial y yo"

    (C) "El diario mensual"

    (D) "El diario inconcluso"

Lectura II

Un gran porcentaje del arte popular latinoamericano es utilitario, una respuesta a las circunstancias físicas, sociales o económicas de una comunidad. Ropa cosida a mano, muebles, utensilios de cocina y otros objetos utilitarios sobreviven en grandes cantidades, a pesar de su reemplazo gradual por objetos fabricados masivamente. A pesar de que los
5 artistas populares tienen como principal prioridad cumplir con ciertos requisitos impuestos por el medio ambiente, van más allá de las consideraciones puramente prácticas, embelleciendo y decorando sus objetos con creativas imágenes basadas en tradiciones. Los bastones aparecen adornados con serpientes y ramas de vid, los recipientes tienen forma de llamas o cabras y los bancos parecen armadillos o caballos. Los
10 productos textiles, particularmente los utilizados en el vestido, también son una manifestación común del arte popular.

El arte popular recreativo, que tiene por objeto entretener y divertir, incluye juguetes, como autobuses y aeroplanos, así como juegos y miniaturas. A primera vista, las piezas de arte popular recreativo pueden considerarse meramente juguetes, pero a menudo revelan
15 aspectos fundamentales de la vida social y religiosa.

1. ¿De qué recibe mucha competencia el arte utilitario?
   (A) Del arte recreativo.
   (B) De la artesanía internacional.
   (C) De productos producidos en fábricas grandes.
   (D) De varios artistas locales.

2. ¿Qué se combina con la utilidad práctica para producir muchos objetos cotidianos?
   (A) Un deseo de competir con las fábricas modernas.
   (B) Las circunstancias físicas y económicas.
   (C) La necesidad de diversiones prácticas.
   (D) Una imaginación decorativa impresionante.

3. ¿De dónde vienen muchas de las ideas decorativas?
   (A) Se les ocurren a los artesanos de las fábricas.
   (B) Vienen de imágenes encontradas en tradiciones populares.
   (C) Los artistas imitan lo práctico de la vida diaria.
   (D) Muchos artesanos las sacan de sus instintos creativos.

4. ¿Cuáles son los dos distintos tipos de artesanía popular mencionados?
   (A) La creadora y la tradicional.
   (B) La práctica y la recreativa.
   (C) La social y la utilitaria.
   (D) La pagana y la religiosa.

El arte de escribir: Vocabulario

Instrucciones: Lee el pasaje siguiente. Luego escribe en la línea a continuación de cada número la forma de la palabra entre paréntesis que se necesita para completar el pasaje de manera lógica y correcta. Para recibir crédito, tienes que escribir y acentuar la palabra correctamente. Sólo debes escribir UNA palabra en cada línea. Es posible que la palabra sugerida no requiera cambio alguno. Escribe la palabra en la línea aun cuando no sea necesario ningún cambio.

Sección I

Según un artículo sobre telenovelas __(1)__ en el Wall Street Journal, un diplomático mexicano fue __(2)__ en Pekín, China, no con las notas del himno nacional de su país, sino con el tema de Rosa Salvaje. En 1991, "Los ricos también lloran" __(3)__ uno de los programas __(4)__ de más éxito en Turquía y algo similar __(5)__ con __(6)__ telenovela mexicana en Corea del Sur. La compañía Televisa afirma que en estos días sus telenovelas se __(7)__ en 59 países. De momento, las telenovelas venezolanas de Radio Caracas Televisión, __(8)__ a nivel internacional por Coral Pictures con sede en Miami, se __(9)__ doblado al hebreo, árabe, inglés, portugués, turco, griego __(10)__ italiano.

1. _____ (publicado)

2. _____ (recibir)

3. _____ (ser)

4. _____ (televisivo)

5. _____ (ocurrir)

6. _____ (otro)

7. _____ (ver)

8. _____ (mercadeado)

9. _____ (haber)

10. _____ (y)

Sección II

Gracias a la tecnología de los discos compactos la llamada "música vieja" es __(1)__ otra vez. Los compactos han __(2)__ obsoleto el sonido de vinilo. Para __(3)__ coleccionan música como __(4)__ damas coleccionan zapatos, __(5)__ el viejo sonido por el nuevo __(6)__ la tarea del momento.

Gracias a la rendición de grabaciones __(7)__ el bolero, la música de la nostalgia por excelencia, está __(8)__. En España la música del trío Los Panchos y del bolerista Lucho Gatica __(9)__ gozado de una enorme popularidad en los últimos dos años.

1. _____ (nuevo)

2. _____ (hacer)

3. _____ (quien)

4. _____ (cierto)

5. _____ (cambiar)

6. _____ (ser)

7. _____ (original)

8. _____ (renacer)

9. _____ (haber)

Sección III

Las cárceles del oeste del país siempre han __(1)__ objeto de numerosos estudios, artículos y películas. La última de éstas, __(2)__ "American Me", __(3)__ por Edward James Olmos. Recibió críticas por la cruda violencia que __(4)__. Sin embargo, Olmos afirmó que no __(5)__ hecho otra cosa que reproducir fielmente la vida de los hispanos en __(6)__ prisiones.

"Blood in, Blood out", __(7)__ en la Cárcel de San Quintín y en las de East L.A., con __(8)__ guión de __(9)__ realismo de Jimmy Santiago Baca, un ex convicto y destacado poeta chicano, es otra película con el mismo tema que ya __(10)__ comenzado a exhibirse en breve.

1. _____ (ser)

2. _____ (ser)

3. _____ (dirigir)

4. _____ (mostrar)

5. _____ (haber)

6. _____ (ese)

7. _____ (filmado)

8. _____ (un)

9. _____ (grande)

10. _____ (haber)

El arte de escribir: Verbos

Instrucciones: En cada una de las siguientes oraciones, se ha omitido un verbo. Completa cada oración escribiendo en la línea numerada la forma y el tiempo correctos del verbo entre paréntesis. Es posible que haga falta más de una palabra. En todo caso debes usar un tiempo del verbo entre paréntesis.

Sección I

1. ¡Mira tus pantalones! Espero que no se te __(1)__.

2. Hace mucho tiempo que Petra no ha __(2)__ en su diario.

3. Para aliviarse de su aburrimiento, Corazón decidió __(3)__ en ala delta.

4. Te llamaré tan pronto como mi madre __(4)__ de compras. (ir)

5. Siempre que María me __(5)__ a sus fiestas, me pide que traiga la comida.

6. Al __(6)__ de los invitados, empecé a arreglar la casa.

7. Busco un coche sport que __(7)__ radio cassette.

1. _____ (caer)

2. _____ (escribir)

3. _____ (volar)

4. _____ (ir)

5. _____ (invitar)

6. _____ (despedirse)

7. _____ (tener)

8. ¡Roberto y Carmen, __(8)__ aquí y entremos en esta tienda!

8. _____ (aparcar)

9. Pasábamos las tardes __(9)__ con íntimas conversaciones sobre nuestro futuro.

9. _____ (divertirse)

10. Me alegraba de que mi mejor amiga __(10)__ a la fiesta.

10. _____ (venir)

Sección II

1. Cuando se acabe la fiesta, nosotros __(1)__ de nuestros amigos.

1. _____ (despedirse)

2. Si yo __(2)__ "footing" esta tarde, me habría sentido mejor.

2. _____ (hacer)

3. Para las vacaciones, los especialistas recomiendan que los alpinistas __(3)__ entre las Andes y las Alpes.

3. _____ (escoger)

4. Ayer yo __(4)__ una caminata por el Parque Gransolana.

4. _____ (dar)

5. Si ellos me conceden dos semanas de descanso, yo __(5)__ aguantar seis meses de puro trabajo.

5. _____ (poder)

6. Es importante que los mayores siempre __(6)__ fotos de lo que quieran.

6. _____ (sacar)

7. Para relajarse el verano pasado, Carmen y Alberto __(7)__ novelas de aventuras.

7. _____ (leer)

8. Cuando yo tenía diez años, __(8)__ la trompeta todos los días.

8. _____ (tocar)

9. Siempre íbamos de caza, cuando nosotros __(9)__ socios del Club Campote.

9. _____ (ser)

10. El guía esperaba que los ciclistas __(10)__ mirando el paisaje.

10. _____ (divertirse)

El arte de escribir: Ensayos

Instrucciones: Escribe EN ESPAÑOL un ensayo claramente organizado y expuesto sobre el siguiente tema. Se calificará el ensayo teniendo en cuenta la organización, la precisión y riqueza del vocabulario, y la exactitud gramatical. El ensayo debe tener una extensión mínima de 200 palabras. Antes de empezar a escribir, debes pasar cinco minutos organizando tus ideas en las hojas azules.

Ensayo I: La televisión

Se dice que la televisión es la mejor niñera que hay y que ayuda a pacificar y relajar a los niños y que no se cansa de su trabajo. También hay los que creen que los programas de televisión estimulan demasiado a los niños y que los niños pierden toda capacidad de controlar bien su conducta. Si tuvieras que cuidar a un niño rebelde y agitado, escribe si utilizarías la tele para calmarlo y ayudarlo a conciliar el sueño.

Ensayo II: El materialismo

Hay muchos que dicen que somos una sociedad de materialistas, interesados sólo en trabajar, ganar dinero y avanzar materialmente. Éstos también dicen que necesitamos encontrar más tiempo para estar solos, meditar, contemplar y renovarnos espiritualmente. Escribe un ensayo sobre lo dicho.

Ensayo III: Los momentos de mayor provecho

Escribe una carta a un amigo/a. En la carta explícale qué harías de una manera fructífera durante tus horas y días libres. Debes hacer tus comentarios según las actividades e instalaciones disponibles en el pueblo o la ciudad donde vives. No escribas de los deportes ni de hacer ejercicio físico. También convéncele al amigo/a de la importancia de las actividades que propongas.

El arte de hablar: Serie de dibujos

Ahora empieza a pensar en los dibujos.

Pedro Pablo Pérez Pereira
pobre pintor portugués
pinta pobres paisajes por poca plata
para pasar por París.

1

2

3

1

2

3

4

5

6

1

2

3

Directions: Now you will be asked to respond to a series of questions. Listen carefully to each question, since your score will be based on your comprehension of the questions, as well as the appropriateness, grammatical accuracy, and pronunciation of your response. You should answer each question as extensively and fully as possible. If you hear yourself make an error, you should correct the error. If you are still responding when you hear the speaker say, "Now we will go on to the next question," stop speaking and listen. Do not be concerned if your response is incomplete.

Each question will be spoken twice. The questions are not printed in your booklet. In each case, you will have 20 seconds to respond. For each question, wait until you hear the tone signal before you speak. The questions are about cars.

First you will hear a practice question that will not be scored. Do not record your answer. Here is the practice question.

Un hombre que está en un palco del teatro con su perro al lado ve una ópera. Termina la opera y el perro se pone de pie a aplaudir como un loco y a gritar "¡¡Bravo!! ¡¡Bravo!!". El hombre del palco de al lado está tan alucinado que se queda mirando y le dice al dueño, "¿Pero usted ha visto? ¡¡Es increíble!!" "Sí, y más asombrado estoy yo, porque cuando leyó esta mañana la crítica en el periódico, me dijo que no le iba a gustar nada la obra."

CAPÍTULO VI

EL DEPORTE

¡¡¡¡¡¡¡¡¡¡¡¡¡¡¡ MODISMOS !!!!!!!!!!!!!!!

Echo de menos a los beisbolistas de mi infancia. *Cuanto más* yo seguía sus carreras, *más* estos atletas *se hacían* héroes en mi imaginación. *Me volvía* loco por ellos porque *llegaban a ser* más grandes que la vida. Recuerdo que *me puse* enojado con mis padres cuando no permitieron que yo fuera a un partido a verlos.

?

JUEGOS DE PALABRAS

En realidad estudio más *actualmente* de lo que estudié en el pasado.

El toro *valiente* se puso muy *bravo* al ver el capote del matador.

El estudiante *se dio cuenta* que su equipo no *había realizado* su meta de marcar un gol más que el año pasado.

EL/LA ATLETA
ágil
agresivo/a
apasionado/a
fuerte
hábil

LOS PROFESIONALES
el patrocinador
el cazatalento
la carrera
la copa mundial
la liga

EL ATLETISMO
carrera
corredor/a
correr
lanzamiento de disco
lanzamiento de jabalina
lanzamiento de peso
pista
salto de altura

PARA PONERSE EN FORMA
estirar todo el cuerpo
hacer las lagartijas
hacer los abdominales
hacer mucho esfuerzo
levantar pesas

EL ENTRENAMIENTO MENTAL
aguantar el dolor
manifestar orgullo
mantener buen espíritu
mostrar coraje (m)
tener mucho ánimo

EL DEPORTE	LAS ACCIONES	EL EQUIPO	LAS INSTALACIONES
el béisbol	batir un jonrón	el bate	el estadio
el boxeo	golpear	los guantes	el ring
el buceo	bucear	los tanques	el mar
el ciclismo	pedalear	la bicicleta	la pista
el esquí	esquiar	los esquíes	la montaña
el hockey sobre hielo	patinar	el palo	la pista
la lucha	luchar	el talento	el gimnasio
la natación	nadar	la bañera	la piscina
el tenis	pegar la pelota	la raqueta	la cancha
el tiro	tirar	el rifle	el campo

FÚTBOL

los adelanteros
el balón
el campo
la defensa
los medio campistas
meter un gol
la portería

adversario
árbitro
capitán
campeonato
equipo
entrenarse
partidos
práctica
torneos

BALONCESTO

balón (m)
cancha
cesto
coger
encestar
lanzar

campeón/a
ganar
ganador/a
éxito
triunfar
triunfador/a
triunfo
vencer
victoria

La Copa Mundial
El campeonato

Y MÁS

aficionado/a
agarrar
andar
apoyar
apretar
apuesta
arrojar
aumentar los músculos
autodisciplina
banco
bola
boleras
bolo
botas
bote (m)
caballo
canoa
cansar
casco
competencia
competición (f)
confianza
deportista (m, f)

deportivo/a
derrota
dotado/a
empatados/as
escalar
espectadores (m, f)
esquiadores (m, f)
estrella
finales (f)
flaquezas
flexibilidad (f)
futbolista (m, f)
gorra
hacer footing
humillante
invencible
ir de caminata
jugar
kayac (m)
manillar (m)
mantenerte en buena forma
máquina
medalla de oro

mentor (m)
mochila
monopatín (m, f)
participar
patinaje (m)
perder
pescar
piraguas (m)
puntos
remo
rodillera
selección (f)
silbato
tabla
talón (m)
tanteo
temporada
tonificarse
velocidad (f)
vendarse
zona

El arte de escuchar: Diálogos cortos

NOW GET READY FOR THE DIALOGUE

1. (A) Con un atleta profesional.
   (B) Con su esposa
   (C) Con una amiga.
   (D) Con su madre.

2. (A) Barrigón y dormilón.
   (B) Atleta y fuerte.
   (C) Generoso y comprensible.
   (D) Astuto y atento.

3. (A) Porque no jugaba con suficiente
       agresividad.
   (B) Porque tenía demasiadas deudas.
   (C) Porque se casó.
   (D) Porque cumplió veinticinco años.

4. (A) Porque va a ser gran portero.
   (B) Porque tiene mucha hambre.
   (C) Porque extraña a sus padres.
   (D) Porque acaba de oír a su padre.

5. (A) Los dos se parecen mucho.
   (B) A los dos les gusta comer.
   (C) Los dos tienen barriga.
   (D) A los dos les gustan los deportes.

El arte de escuchar: Narraciones breves

NOW GET READY FOR THE NARRATIVE

1. (A) El boliche se juega con bolas de
       madera.
   (B) El bolo se juega al aire libre.
   (C) El boliche utiliza una bola redonda.
   (D) El bolo requiere una pista de madera
       pulida.

2. (A) Los celtas.
   (B) Los romanos.
   (C) Los íberos.
   (D) Los visigodos.

3. (A) Lanzar la bola más de 21 metros.
   (B) Tirar los bolos más de 21 metros.
   (C) Formar ligas en Sudamérica.
   (D) Jugar varias modalidades durante un
       torneo.

4. (A) En coro.
   (B) En diamante.
   (C) En cuadro.
   (D) En línea.

Instrucciones: Ahora escucharás una selección de unos cinco minutos de duración. Se te recomienda tomar apuntes en el espacio en blanco de esta hoja. Estos apuntes no serán calificados. Al final de la selección leerás una serie de preguntas sobre lo que acabas de escuchar. Basándote en la información de la selección, elige la MEJOR respuesta a cada pregunta de las cuatro opciones impresas en tu libreta de examen y rellena el óvalo correspondiente en la hoja de respuestas.

NOW GET READY FOR THE SELECTION

Instrucciones: Ha terminado esta selección. No se leerán las preguntas en voz alta, pues las tienes impresas en tu libreta de examen. Ahora pasa a la sección de **El arte de escuchar: Selecciones extendidas** para Capítulo VI y empieza a trabajar. Te quedan cuatro minutos para elegir las respuestas correctas.

1. ¿Qué tipo de equipo es?
(A) De baloncesto.
(B) De fútbol.
(C) De béisbol.
(D) De hockey sobre hielo.

2. ¿Quién se dirige a los jugadores?
(A) El patrocinador.
(B) El gerente.
(C) El capitán.
(D) El entrenador.

3. ¿Qué le pasó al narrador durante su niñez?
(A) Tuvo problemas de dinero y comida.
(B) Su madre siempre le trataba muy bien.
(C) Su padre le enseñó todo lo que sabe del deporte.
(D) Aprendió a jugar muy bien los deportes.

4. ¿Por qué es ésta una oportunidad muy importante?
(A) No habrá otra.
(B) Los jugadores se han preparado muchísimo.
(C) Son las finales de la liga.
(D) El otro equipo tiene varios jugadores lesionados.

5. ¿Qué pasó el año pasado?
(A) No llegaron ni siquiera hasta las finales.
(B) No se esforzaron tanto y perdieron.
(C) El mismo equipo les ganó.
(D) El narrador habló con igual pasión.

6. Con la victoria, ¿qué quiere recobrar el narrador?
(A) La dignidad y honra del equipo.
(B) Su juventud perdida.
(C) Una apuesta que perdió el año pasado.
(D) Otra oportunidad.

Practicando el Vocabulario

Sección I

1. El día está tan lindo. ¿Por qué no . . . en bicicleta?

    (A) tomamos   (C) montamos

    (B) grabamos   (D) reemplazamos

2. Te . . . a que gana el equipo de Las Estrellas.

    (A) apuesto   (C) saludo

    (B) lanzo   (D) tiro

3. . . . llueve y no podemos jugar al tenis, vamos a divertirnos aquí en casa.

    (A) Con mucho gusto   (C) A pesar de que

    (B) Perdón que   (D) Qué espanto que

4. El atleta va diariamente al gimnasio para . . .

    (A) descansar.   (C) bucear.

    (B) hincharse.   (D) entrenarse.

5. Para proteger la cabeza durante el ciclismo, es importante llevar . . .

    (A) una pelota.   (C) los guantes.

    (B) las botas.   (D) un casco.

6. La natación es . . . que me gusta mucho en verano.

    (A) una carrera   (C) un pasatiempo

    (B) un pedrusco   (D) un bate

7. . . . el tobillo y se cayó.

    (A) Se vendó   (C) Se despidió

    (B) Se dobló   (D) Se bajó de

8. Me levanto, me ducho, me visto, y levanto pesas. Es . . . diaria.

    (A) la rutina   (C) la rodillera

    (B) la carta   (D) la gorra

9. Juan sale de la casa y . . . a la bicicleta.

    (A) se pone   (C) se baja

    (B) se sube   (D) se viene

10. Para ser . . ., la autodisciplina es muy importante.

    (A) campeona   (C) campera

    (B) campeonato   (D) campana

Sección II

1. Los dos equipos están . . . cincuenta a cincuenta.
    (A) animados
    (B) empapados
    (C) empatados
    (D) interceptados

2. El árbitro acaba de señalar el final del partido con su . . .
    (A) bate.
    (B) silbato.
    (C) guante.
    (D) cancha.

3. Los jugadores tienen que . . . los músculos todos los días para tener éxito.
    (A) pegarse
    (B) estirarse
    (C) acercarse
    (D) vendarse

4. Para evitar las lesiones en las piernas es importante ponerse . . . cuando patinas sobre ruedas.
    (A) las rodilleras
    (B) las gorras
    (C) los talones
    (D) las máscaras

5. No podemos ver el tanteo; . . . no funciona.
    (A) la copa
    (B) el marcador
    (C) el espectador
    (D) la portería

6. La Serie Mundial es . . . de béisbol en América.
    (A) la pista
    (B) la pelota
    (C) el campeonato
    (D) el lanzador

7. El matador hace pasar al toro cada vez más cerca. . . .
    (A) ¡Qué valor!
    (B) ¡Qué bravo!
    (C) ¡Qué ganga!
    (D) ¡Qué raro!

8. Los entrenadores que requieren mucho de sus jugadoras tienen mucho . . .
    (A) éxito.
    (B) puesto.
    (C) lugar.
    (D) hambre.

9. Los Mets tienen muchos . . . en Nueva York.
    (A) ligamentos
    (B) aficionados
    (C) heridos
    (D) lesionados

10. Pese a que cometió tantos errores, . . . el partido con el único jonrón.
    (A) colgó
    (B) tapó
    (C) ganó
    (D) deterioró

Practicando la Gramática

Instrucciones: <u>Ya no se incluye esta parte en el examen de AP. Sin embargo, te la presentamos de práctica</u>. En esta parte, debes elegir la palabra o frase que completa la oración correctamente.

1. Tenéis que ganar este partido. . . .

    (A) ¡Corran!   (C) ¡Corren!

    (B) ¡Corred!   (D) ¡Corráis!

2. Si pudiera ganar el campeonato, . . . muy feliz.

    (A) estuve   (C) estaré

    (B) estaba   (D) estaría

3. No se atreve . . . hacer nada porque tiene un encuentro de lucha libre esta noche.

    (A) que   (C) en

    (B) de   (D) a

4. "El ganar no es todo, es lo único." ¿. . . cree?

    (A) Lo   (C) Los

    (B) Este   (D) Le

5. Carmen no es la campeona de salto de altura . . . la de salto de longitud.

    (A) pero   (C) sino

    (B) sino que   (D) o

6. Los equipos de Italia y Francia . . . empatados uno a uno.

    (A) son   (C) acaban de

    (B) están   (D) hay

7. Los jugadores siguen . . . para su próximo partido.

    (A) entrenarse   (C) entrenándose

    (B) a entrenarse   (D) entrenado

8. El entrenador me mandó que no . . . al adversario inmediatamente.

    (A) ataque   (C) ataqué

    (B) atacara   (D) ataco

9. Me encantan los espectadores animados. ¡Qué público . . . entusiasmado!

    (A) de   (C) menos

    (B) más   (D) a

10. Juan, tira el balón. ¡. . . ahora!

    (A) Hágalo   (C) Lo hagas

    (B) Hazlo   (D) Lo hace

El arte de leer: Vocabulario y Gramática

Sección I

Cuando el teleférico te __(1)__ a los 3.200 metros de __(2)__ del Carón, podrás contemplar un panorama impresionante de __(3)__ nevadas. Alrededor del Montblanc __(4)__ las mayores alturas de los Alpes, y también las mejores estaciones de esquí de Europa. Desde el mirador se domina buena parte de los Tres Valles franceses que han enlazado sus remontes para que los esquiadores que__(5)__ a __(6)__ de ellos puedan __(7)__ de 600 km. de pistas y de 200 remontes mecánicos. No sólo es el mayor dominio esquiable del mundo, __(8)__ también es de los mejores por la calidad de su nieve en polvo y por __(9)__ de sus instalaciones. Si todavía no has practicado este deporte, puedes aprender con los mejores monitores o disfrutar de otras actividades como dar paseos con raquetas, hacer parapete, jugar en las boleras, darte un baño en las piscinas y hacer excursiones en los teleféricos a los picos más altos.

Es necesario volar a Lyon y entonces hay que __(10)__ a las estaciones por Albertville. También se puede ir desde Barcelona a Montpellier, Grenoble y Albertville. Toma las típicas __(11)__ para ir al hotel después de esquiar. Las vacaciones no coinciden con las francesas por lo que puedes disfrutar de los Alpes a precios de __(12)__ baja.

1. (A) deje
   (B) deja
   (C) dejará
   (D) ha dejado

2. (A) altura
   (B) óleo
   (C) toque
   (D) patota

3. (A) ventajas
   (B) charlas
   (C) pesas
   (D) cumbres

4. (A) se acuerdan
   (B) se aprietan
   (C) se encuentran
   (D) se resbalan

5. (A) acudan
   (B) alivien
   (C) sumen
   (D) escurran

6. (A) dondequiera
   (B) cualquier
   (C) cuales
   (D) cualquiera

7. (A) golpear
   (B) disponer
   (C) descomponer
   (D) oscurecer

8. (A) pero
   (B) aún
   (C) sino
   (D) sino que

9. (A) ella
   (B) lo
   (C) la
   (D) él

10. (A) rasgarse
    (B) bostezar
    (C) deslizarse
    (D) arrancar

11. (A) maderas
    (B) cortezas
    (C) lanas
    (D) calesas

12. (A) pieza
    (B) temporada
    (C) liebre
    (D) cima

Sección II

UN GIMNASIO EN CASA

__(1)__ la época propicia en que nos encontramos para regalarte o que te hagan un regalo muy útil para tu línea. Aquí tienes los cuatro aparatos esenciales para __(2)__ cuerpo entero sin salir de casa.

EL REMO

Los aparatos de remo de la nueva generación, __(3)__ ser máquinas sólidas pero ligeras de unos 20 kg., que se pueden guardar en vertical (de unos 50 x 130 cm) y están __(4)__ de resistencia regulable, remos con movimiento constante, control electrónico del ejercicio, del ritmo, del número de repeticiones y del consumo calórico. El remo es uno de los accesorios más completos que permite tonificar el corazón __(5)__ que __(6)__ los músculos. Es ideal para aumentar la flexibilidad.

CINTA RODANTE

Es una máquina que permite correr o andar a un ritmo e intensidad variable, gracias a la posibilidad de modificar la velocidad de rodamiento de la cinta y la inclinación __(7)__ . Ideal para tener un corazón sano y vigoroso y unos muslos y __(8)__ firmes y sin nódulos de grasa. Como ocupa bastante espacio, existen versiones __(9)__ que se pueden guardar verticalmente.

LA BICICLETA

Existen bicicletas __(10)__ y muy ligeras (__(11)__ llegan a los 30 kg.) que controlan de forma computarizada el tiempo de ejercicio, la dificultad, la velocidad y distancia recorrida, las calorías consumidas __(12)__ incluso la frecuencia cardíaca. Algunas llevan __(13)__ móvil lo que permite fortalecer los brazos haciendo movimientos hacia delante y hacia atrás.

BANCO DE ABDOMINALES

No hay ningún otro accesorio o máquina que __(14)__ a mantener en forma los abdominales, unos músculos que influyen en la respiración, la postura, el buen estado de la columna y que actúan como protectores de importantes órganos. El banco de abdominales debe ser sólido y ligero, con __(15)__ plegables para guardarlo. Para __(16)__ los ejercicios hay que __(17)__ en la tabla, __(18)__ la cabeza en la parte más baja y con las manos cruzadas detrás de __(19)__, levantarse y bajarse unas 30 veces, haciendo series de 10 movimientos y __(20)__ unos segundos antes de empezar __(21)__ siguiente.

1. (A) Aprovechar
   (B) Aprovecha
   (C) Aproveche
   (D) Aprovechando

2. (A) entrenarte
   (B) portarte
   (C) manifestarte
   (D) enfrentarte

3. (A) suelen
   (B) fijan
   (C) atreven
   (D) aprietan

4. (A) caladas
   (B) anticuadas
   (C) doradas
   (D) dotadas

5. (A) hacia
   (B) tal como
   (C) a la vez
   (D) a punto de

6. (A) fortalece
   (B) fortalecer
   (C) fortalezca
   (D) haya fortalecido

7. (A) de la tarima
   (B) del alboroto
   (C) del entierro
   (D) de la picardía

8. (A) armas
   (B) pantorrillas
   (C) iras
   (D) risas

9. (A) avergonzadas
   (B) manchadas
   (C) inconfundibles
   (D) plegables

10. (A) geniales
    (B) estáticas
    (C) ardientes
    (D) lejanas

11. (A) encima de
    (B) frente a
    (C) apenas
    (D) todavía

12. (A) sin
    (B) e
    (C) y
    (D) sino

13. (A) el manillar
    (B) el alma
    (C) el desperdicio
    (D) el abecedario

14. (A) ayuda
    (B) ha ayudado
    (C) ayude
    (D) ayudar

15. (A) piernas
    (B) enjambres
    (C) nieblas
    (D) patas

16. (A) callar
    (B) aislar
    (C) realizar
    (D) envenenar

17. (A) alumbrarse
    (B) tumbarse
    (C) optarse
    (D) despacharse

18. (A) colocando
    (B) arrojando
    (C) chillando
    (D) anotando

19. (A) la nuca
    (B) el tirano
    (C) la culpa
    (D) el malestar

20. (A) descansen
    (B) habían descansado
    (C) descansar
    (D) descansando

21. (A) lo
    (B) la
    (C) le
    (D) el

El arte de leer: Gramática incorrecta

Instrucciones: En las siguientes oraciones, debes elegir la parte que hay que CAMBIAR para que la oración sea gramaticalmente correcta.

1. ¿<u>Estás</u> tú listo para <u>ir</u> al gimnasio? De todas maneras, <u>llame</u> para <u>decírselo</u> a Miguel.
    a   b   c   d

2. Mi mamá sugiere que <u>llevo</u> un casco <u>cuando</u> voy <u>en bicicleta</u>. A mí no me importa <u>tanto</u>.
                      a   b   c   d

3. <u>Esa</u> es lo que me encanta hacer. Cuando <u>estoy</u> en las montañas, puedo <u>olvidarme</u> <u>de</u> los
  a   b   c   d
ruidos de la ciudad.

4. <u>Al regresar</u> de su trabajo, venía <u>correr</u> para <u>anunciarme</u> el resultado del partido.
   a   b   c
Me <u>sorprendió</u> mucho.
      d

5. Ya es la hora de <u>salir</u>. Estamos <u>por</u> <u>marcharnos</u>. ¡<u>Vayámonos</u>!
               a   b   c   d

6. No <u>me entrené</u> hoy <u>para</u> estar muy enfermo. <u>A causa de eso</u>, hace cinco horas que <u>estoy</u>
        a   b   c   d
en la cama.

7. Si <u>ganaré</u> la lotería, voy a <u>comprarme</u> un gimnasio con equipo de <u>entrenamiento</u> para
    a   b   c
que <u>pueda</u> bajar de peso.
      d

8. Soy <u>demasiada</u> gorda y no estoy <u>muy</u> contenta. Mi mamá quiere que <u>esté</u> <u>a</u> dieta pero es
      a   b   c d
difícil porque todo el tiempo tengo un hambre de perros.

9. Se <u>queja</u> <u>de la</u> sistema que se ha <u>usado</u> en esta escuela. Es muy <u>anticuado</u>.
     a   b   c   d

10. Marisa <u>solía</u> andar <u>por</u> el bosque. <u>Al llevar</u> su mochila y su cama portátil puede
         a   b   c
acampar cuando tiene ganas de <u>hacerlo</u>.
                      d

El arte de leer: Lectura

Lectura I

Un Raid Gauloises no lo corre cualquiera. Este año se celebró en Ecuador con 600 km. de recorrido durante 10 días, desde las montañas más altas de los Andes hasta el Océano Pacífico, pasando por la selva y subiendo a la cima de Cotopaxi (5.897m). Las pruebas son tan duras que de los 49 equipos de 20 nacionalidades distintas que participaron, sólo uno
5 era completamente femenino. El admirado BuffSalomon.

¡Las chicas!, así las llamaban, sólo contaban con sus propios recursos, su inteligencia y los medios de transporte caballos, bicicletas, canoas, rafting y piraguas de mar que la organización les facilitaba.

"Como la mayoría de los participantes eran hombres", dice la corredora Lali Gendrau,
10 "nuestro objetivo era ganar al máximo de equipos masculinos".

El secreto estaba en su capacidad de aguantar el sufrimiento y en el "buen rollo" que tenían entre ellas. "Dos cualidades que no tienen muchos equipos integrados por hombres", asegura Lali.

"Antes que nada somos un grupo de amigas que nos lo pasamos muy bien juntas. Además,
15 las mujeres soportamos más el dolor y esto lo trasladamos al raid".

La emoción es mucha pero el cansancio también. "Los 3 primeros días", dice Emma Roca, "recorrimos 10 km. a pie y otros 35 a caballo bajo una intensa lluvia y mucha niebla". El cuarto día tocaba subir a la cima del Cotopaxi, el volcán todavía en actividad más alto del mundo. "Fue nuestra mejor experiencia ya que conseguimos subir las 5 y no todos los
20 equipos lo logran", asegura Lali.

A lo largo de la carrera, se pasa miedo. Los equipos corren tanto de día como de noche en un paisaje prácticamente inaccesible. Tras la ascensión al Cotopaxi, a las chicas del Buff-Salomon les esperaba la prueba de bicicleta de montaña 60 km. 200 km. de descenso de aguas bravas en rafting, canoa y, finalmente, en piraguas de mar hasta la meta situada en
25 Same, ya en el Océano Pacífico.

"Lo peor fue el tramo de aguas bravas, se nos hizo de noche bajando el río Blanco", explica Ericka Wellmer. "Por la zona de las Esmeraldas, próxima a la meta, había una corriente tan fuerte que volcamos y fuimos a parar contra unos árboles. Pasamos realmente mucho miedo, porque no se veía absolutamente nada".

30 "Ahora mismo no repetiríamos porque recuerdas los momentos en que nos perdimos, las horas de sueño que pasamos, el peso de las mochilas . . . y se te quitan las ganas. Pero, al cabo de un año ¡ya no te acuerdas! Poca memoria . . . ", dice Emma.

1. ¿Qué no es un raid?
   (A) Una muestra multidisciplinar.
   (B) Un itinerario sin parar.
   (C) Una carrera temerosa.
   (D) Un conglomerado de gente decaída.

2. ¿Dónde se realiza el raid?
   (A) En un pabellón.
   (B) En zonas áridas.
   (C) En plena naturaleza.
   (D) Sólo por el litoral.

3. Según una de las deportistas, ¿por qué tienen éxito las mujeres?
   (A) No se apoyan mucho.
   (B) Su coraje no mantiene el ánimo del equipo
   (C) Pueden sobrellevar el padecimiento mejor que los hombres.
   (D) No aguantan el dolor como los hombres.

4. ¿Qué experiencia fue la más dura y peligrosa?
   (A) Un descenso de aguas impetuosas.
   (B) Una expedición de escalada.
   (C) El rappel.
   (D) El parapete.

5. ¿Qué recurso no está incluido en este raid?
   (A) Orientarse.
   (B) Escalar.
   (C) Nadar.
   (D) Andar.

Lectura II

"El último jonrón de un gigante"

El inmortal pelotero boricua Orlando Cepeda ingresa al Salón de la Fama y regresa a su tierra tras una larga odisea.

El 18 de mayo, dos meses antes de su exaltación al Salón de la Fama del Béisbol, en
5 Cooperstown, Nueva York, el puertorriqueño Orlando Cepeda, de 61 años, hizo la acostumbrada visita a la institución. Toda la tarde anduvo de una sala a la otra, de la mano del curador Ted Spencer. Había visto la estatua de su amigo y compatriota Roberto Clemente, con el uniforme número 21 de los Piratas de Píttsburgh, y la placa con la efigie de su antiguo compañero de los Gigantes de San Francisco, Juan Marichal, entre otros. En
10 un teatro del museo, vio un documental sobre su carrera deportiva y observó, incrédulo, cómo los envejecidos peloteros Stan Musial y Ted Williams elogiaban su capacidad de liderazgo y sus habilidades como bateador.

"¿Williams y Musial hablando de mí?", murmuró Cepeda. "¡Increíble! ¡Ellos son mis ídolos!"

Sin embargo, de todo lo que vio, nada lo impresionó más que un feliz hallazgo en la sala
15 dedicada a jugadores afroamericanos. Allí encontró la fotografía del equipo que Rafael Leónidas Trujillo, dictador de la República Dominicana, patrocinó en 1937. Cepeda nombró a cada uno de los jugadores, con el emblema C. TRUJILLO sobre el pecho del uniforme. En la última fila, el segundo de derecha a izquierda era Perucho Cepeda, conocido como el Babe Ruth de Puerto Rico, uno de los peloteros más grandes de su época,
20 una leyenda en todo el Caribe hasta su muerte en 1955, a los 49 años, debido a la desnutrición causada por la malaria. "Es asombroso", dijo Cepeda. "No sabía que mi padre estaba allí, en esa fotografía, como esperándome. ¡Qué sorpresa!"

Poco antes de morir, cuando Oriando dejaba Puerto Rico hacia los campamentos de las Ligas Menores, en Salem Virginia, Perucho le dijo: "Algún día serás mejor que yo, 25 Orlando". El joven de 17 años contestó: "No digas eso, papá. Yo no puedo ser mejor que tú".

En verdad, su padre hubiera estado orgulloso de su carrera deportiva. Pero no de mucho más. Casi desde el día que se retiró, en 1974, Cepeda cayó en un remolino de problemas personales. Su ingreso al Salón de la Fama, decidido en marzo por el Comité de Veteranos, no era algo que él podía esperar. Le sobraban méritos beisboleros. Su promedio de bateo 30 era de .297, 379 jonrones y 1,365 carreras impulsadas; había sido el Novato del Año de la Liga Nacional, en 1958; el Jugador Más Valioso de 1967; y siete veces fue incluido en los juegos Todos Estrellas. Hace apenas cinco años, cuando los Escritores de Béisbol de Estados Unidos lo rechazaron por 15ta. y última vez (le faltaron siete votos) era el único jugador elegible con un promedio de .295 o más y más de 300 jonrones que no estaba en el 35 panteón del béisbol.

No, no eran las estadísticas. El 12 de diciembre de 1975, Cepeda fue arrestado en el Aeropuerto internacional de San Juan luego de recoger dos paquetes de Colombia que contenían marihuana, según las autoridades. "Cometí un gran error", dice. "Falta de juicio. Malas amistades. Estupidez".

40 Los 24 años siguientes fueron una odisea. Nada hubiera podido prepararlo para enfrentar las consecuencias de su arresto. Había sido un héroe nacional, una figura aún mayor que su padre. "Cuando juegas béisbol, tienes un nombre y dinero y te sientes que eres a prueba de balas", dice Cepeda. "Te olvidas de quién eres. Especialmente, en un país latino, te hacen sentir como si fueras un dios". A los 38 años, su vida estaba totalmente 45 descontrolada. Sus abogados se comieron sus ahorros, y perdió el dinero y el terreno. Con excepción de su esposa y unos pocos amigos, no le quedaba nadie. El 26 de junio de 1978 lo sentenciaron a cinco años de cárcel. "Al pensar en eso", dice, "lo mejor que me pudo pasar fue ir a prisión".

Tras cumplir 10 meses de su sentencia, Cepeda ganó su libertad condicional el 15 de abril 50 de 1979. Pero las cosas no eran más fáciles fuera de la cárcel. Anduvo de aquí para allá durante cinco años.

En 1986, Laurease Hyman, entonces editor de Giants Magazine lo visitó en Los Angeles para escribir un artículo. Luego, movió conexiones para que Cepeda asistiera a uno de los juegos de los Gigantes en el estadio Candlestick, en San Francisco. La recepción fue 55 abrumadora. Fue así que el número 30 regresó. Comenzó a desempeñarse como cazatalentos para el equipo, a la vez que ayudaba a desarrollar las habilidades de jugadores jóvenes. Poco a poco se convirtió en embajador de buena voluntad de los Gigantes. Cuando visita vecindarios boricuas, como los del norte de Filadelfia y El Bronx, lleva un mensaje: "No hay excusas, sólo oportunidades. Sean alguien. Marquen la 60 diferencia".

Eso es precisamente lo que Cepeda ha hecho en los últimos 12 años. Para él, su momento culminante llegó en marzo, cuando el Salón de la Fama le abrió sus puertas. "Yo no estaba listo para entrar antes", dice. Cuando se dirigía a la conferencia de prensa, el dueño de los Gigantes le dijo: "Nadie más llevará el número 30, Orlando. Está retirado". Dos semanas 65 después, el gobierno de Puerto Rico lo agasajó con un multitudinario desfile que atravesó la ciudad desde el aeropuerto donde había comenzado su desgracia hasta el Viejo San Juan.

En Cooperstown, después de recorrer las salas, Cepeda habló del orgullo que sentía por tener un lugar en el Salón. "Recibir el reconocimiento que todo jugador de pelota busca.
70 Para mí, esto es cerrar el círculo".

1. ¿Por qué era incrédulo Cepeda que unos viejos peloteros hubieran elogiado su carrera?
   (A) Porque eran unos parientes.
   (B) Porque eran unos compañeros de equipo.
   (C) Porque eran unos amigos suyos.
   (D) Porque eran unos héros suyos.

2. ¿Cómo reaccionó Cepeda al encontrar a su padre en una fotografía?
   (A) Sintió mucha pena.
   (B) Se puso de mal humor.
   (C) Estuvo gozoso.
   (D) Evitó mirarla.

3. Su padre era miembro de . . .
   (A) un equipo dominicano.
   (B) un equipo puertorriqueño.
   (C) la dirección ejecutiva de un equipo.
   (D) las ligas Babe Ruth.

4. ¿Por qué Cepeda no ingresó al Salón de la Fama inmediatamente después de jubilarse?
   (A) Por prejuicios raciales.
   (B) Por no tener suficientes jonrones.
   (C) Por problemas personales.
   (D) Porque le ocurrió algo injusto.

5. Según Cepeda, cuando juegas al béisbol, eres . . .
   (A) compasivo.
   (B) poderoso.
   (C) emaciado.
   (D) escuchimizado.

6. ¿Cómo fue la visita al estadio Candlestick en 1986?
   (A) Un éxito.
   (B) Un desastre.
   (C) Una epifanía.
   (D) Un lío.

7. Al cumplir su sentencia en la cárcel, ¿qué hizo Cepeda?
   (A) Trabajó de cazatalentos para un equipo de las Ligas Mayores.
   (B) Volvió a jugar en las Ligas Mayores.
   (C) Siguió sin dirección unos cinco años más.
   (D) Volvió a la cárcel dentro de poco.

8. Por su vida de excesos personales Cepeda ahora expresa . . .
   (A) enojo.
   (B) orgullo.
   (C) remordimiento.
   (D) rencor.

El arte de escribir: Vocabulario

Instrucciones: Lee el pasaje siguiente. Luego escribe en la línea a continuación de cada número la forma de la palabra entre paréntesis que se necesita para completar el pasaje de manera lógica y correcta. Para recibir crédito, tienes que escribir y acentuar la palabra correctamente. Sólo debes escribir UNA palabra en cada línea. Es posible que la palabra sugerida no requiera cambio alguno. Escribe la palabra en la línea aun cuando no sea necesario ningún cambio.

Recuerdo bien un encuentro de baloncesto en que la atleta más pequeña del equipo las Panteras tuvo una actuación sobresaliente. Era una de esas noches __(1)__ de marzo cuando __(2)__ las Panteras a la cancha del gimnasio de sus __(3)__ rivales las Osogatos. Las Panteras llegaron __(4)__ como si __(5)__ animalitos y las pobres __(6)__ de las Osogatos temían que las Panteras fueran a ganar __(7)__ vez. Sin embargo, el pretencioso entrenador de las Osogatos tenía la convicción de que su equipo __(8)__ a triunfar esta vez. Era un hombre de increíble barriga con voz fuerte y __(9)__ que siempre asustaba a __(10)__ las Panteras.

Para mí __(11)__ un momento inolvidable cuando el árbitro indicó con su silbato que __(12)__ famosa batalla __(13)__ empezado. Los períodos pasaron rápidamente y en los __(14)__ segundos los equipos quedaban __(15)__. De golpe la Pantera que era la más pequeña de todas saltó por el aire, __(16)__ el balón, y lo encestó, __(17)__ el triunfo de su equipo y la humillante derrota de las Osogatos. El entrenador barrigón se desmayó y sus Osogatos se __(18)__ a llorar. La pequeña Pantera fue __(19)__ a hombros por __(20)__ aficionados. Nunca voy a olvidar ese momento.

1. _____ (tormentoso)

2. _____ (entrar)

3. _____ (temido)

4. _____ (gruñir)

5. _____ (scr)

6. _____ (jugador)

7. _____ (otro)

8. _____ (ir)

9. _____ (agudo)

10. _____ (todo)

11. _____ (ser)

12. _____ (ese)

13. _____ (haber)

14. _____ (último)

15. _____ (empatado)

16. _____ (agarrar)

17. _____ (asegurar)

18. _____ (poner)

19. _____ (llevado)

20. _____ (su)

El arte de escribir: Verbos

Sección I

1. Juan, Julia te llamará después de que ella __(1)__ su caminata.

    1. _____ (terminar)

2. ¿Qué te gusta más, __(2)__ sobre ruedas o montar en monopatín?

    2. _____ (patinar)

3. Mi mamá me aconsejó que __(3)__ footing al lado de la carretera.

    3. _____ (hacer)

4. No sé qué pasó anoche. ¿__(4)__ el equipo contrario?

    4. _____ (Ganar)

5. Me gustaría entrenarme diariamente y __(5)__ en forma.

    5. _____ (ponerse)

6. El portero saltó, se acercó a la portería, y __(6)__ el balón.

    6. _____ (agarrar)

7. Le encantaría que ella __(7)__ a la cancha de tenis a las cinco.

    7. _____ (llegar)

8. Espero que él me __(8)__ los zapatos en mi gaveta.

    8. _____ (dejar)

9. Buenos días, estamos en el primer período de las finales y los Osos y los Peces __(9)__ empatados dos a dos.

    9. _____ (estar)

10. No __(10)__ tanto. Participarás en el próximo partido.

    10. _____ (llorar)

Sección II

1. Cuando Brandi marcó el último gol todo el mundo __(1)__ respirar de nuevo.

2. Si quieres vivir muchos años, Juan, __(2)__ en buena forma y no comas demasiado.

3. Ojalá nosotros __(3)__ en la próxima vuelta del torneo.

4. Cuando mis padres estaban en Buenos Aires, ellos __(4)__ en bote una vez por el Parque Rosedal.

5. De niño, yo vi __(5)__ a Pelé en la Copa Mundial.

6. Si no __(6)__ un accidente durante la última etapa, los cubanos habrían ganado la carrera.

7. __(7)__ temprano todos los días, nosotros salíamos a hacer footing.

8. Aranxta Sánchez-Vicario todavía no __(8)__ las piernas y los brazos y por eso no está lista para jugar tenis hoy.

9. En el futuro se __(9)__ muchos billetes en este estadio ya que es el hogar de los Piratas.

10. Anoche Michael Jordan __(10)__ tres puntos en el último segundo asegurando una vez más la victoria.

1. _____ (poder)

2. _____ (ponerse)

3. _____ (avanzar)

4. _____ (andar)

5. _____ (jugar)

6. _____ (haber)

7. _____ (Levantarse)

8. _____ (estirar)

9. _____ (vender)

10. _____ (encestar)

El arte de escribir: Ensayos

Ensayo I: Los deportes

Los deportes son muy importantes en nuestra sociedad. Hay equipos para muchachos y muchachas de casi cualquier edad. Los deportes son para entretenernos, enseñarnos y para que hagamos ejercicio. Para algunos, los deportes son un modo de avanzar, ganar dinero, y conseguir prestigio y poder. En un ensayo discute la importancia de los deportes para ti y/o para tu familia.

Ensayo II: Los deportes y la competición

Han dicho que los sudamericanos ganaron su independencia de España a través de las lecciones que aprendieron en los campos de fútbol. Según esta declaración uno aprende a obrar con otros a través de un espíritu de cooperación. Sin embargo, hay otros que han señalado que la competición que engendran los deportes ayuda a destruir el sentido de confianza de los menos hábiles. En un ensayo discute estos dos puntos de vista.

Ensayo III: En vivo y en la televisión

Hay quienes prefieren ir a ver un partido donde se juega, en un estadio profesional o en un campo local. Hay otros a quienes les gusta verlo en la televisión. Por supuesto, cada modo tiene sus ventajas y sus desventajas. Discute cuál de estos modos preferirías tú, si pudieras ir a ver a los mejores jugadores de tu deporte favorito.

El arte de hablar: Serie de dibujos

Ahora empieza a pensar en los dibujos.

Blandos brazos blande Brando,
Brando blandos brazos blande,
blandos brazos blande Brando.

1

2

3

4

5

6

El arte de hablar: Preguntas y Respuestas

Directions: Now you will be asked to respond to a series of questions. Listen carefully to each question, since your score will be based on your comprehension of the questions, as well as the appropriateness, grammatical accuracy, and pronunciation of your response. You should answer each question as extensively and as fully as possible. If you hear yourself make an error, you should correct the error. If you are still responding when you hear the speaker say, "Now we will go on to the next question," stop speaking and listen. Do not be concerned if your response is incomplete.

Each question will be spoken twice. The questions are not printed in your booklet. In each case, you will have 20 seconds to respond. For each question, wait until you hear the tone signal before you speak. The questions are about health and exercise.

First you will hear a practice question that will not be scored. Do not record your answer. Here is the practice question.

Están jugando al fútbol el equipo de los Elefantes contra el equipo de los Gusanos. A diez minutos del final van ganando los Elefantes por 50-0. De repente anuncian un cambio para el equipo de los Gusanos y sale el ciempiés. Cuando quedaban cinco minutos para el final, el ciempiés empieza a meter un gol tras otro y al final del partido quedan 50-75. El capitán de los Elefantes se le acerca al capitán de los gusanos y le pregunta, "¡Qué maravilla de jugador!" "¿Por qué no lo habían sacado antes?" "Es que estaba terminando de atarse las botas."

CAPÍTULO VII

LA ESCUELA

Las leyes protegiendo los derechos civiles de los minusválidos *entraron en vigencia* hace unas décadas y todavía *están en vigencia.* Estas leyes *tienen vigencia* por fuerza jurídica y moral.

Los estudiantes que *han salido bien* en sus últimos exámenes, *van a aprobar* sus cursos. Sin embargo, *van a suspender* los que *han salido mal*.

Durante la clase de historia, *me preguntaba* por qué el profesor siempre *me hacía preguntas* muy difíciles. Una vez me *preguntó* si dormía y no supe qué contestarle—sí o no.

?

JUEGOS DE PALABRAS

Los profesores de *la facultad* de derecho son los más sabios del país.

Los libros que se encuentran en una *biblioteca* no fueron comprados en una *librería.*

Siempre *he sostenido* la idea que los que *mantienen* a sus familias con dignidad y humildad pueden *soportar* los más terribles altibajos de la vida.

En realidad es *un hecho* que *los datos* del caso se contradicen.

Los estudiantes leen *lecturas* pero escuchan *conferencias* dadas por un *conferenciante.*

LA ESCUELA

Lo que bien se aprende, nunca se pierde.

EL BUEN ESTUDIANTE
asiste a todas sus clases
saca buenos apuntes
es apto y atento
toma riesgos intelectuales
se comporta bien
desarrolla la buena memoria
tiene buena motivación
obedece la crítica del profesor
se gradúa en el colegio
da respuestas apropiadas y bien pensadas
es intelectual y curioso

EL BUEN PROFESOR
enseña con entusiasmo
es exigente y compasivo
da pruebas y exámenes
repasa el material esencial
borra la pizarra
corrige el trabajo de los estudiantes

159

LAS PERSONAS

académico/a
alumno/a
aprendiz (m, f)
bibliotecario/a
compañero/a
director/a
maestro/a
principiante (m, f)
profesor/a
profesorado
rector/a

PALABRAS ÚTILES

carecer de
desdichado/a
encuesta
facultad (f)
imprimir
promedio

LAS ASIGNATURAS

biología
cálculo
ciencias
computación (informática)
filosofía
francés
idioma (m)/lengua
inglés
matemáticas
química

LOS TÍTULOS

el bachillerato
la licenciatura
la maestría
el doctorado

LOS ESTUDIANTES MALOS

fastidian al profesor
se mofan de las palabras del profesor
se comportan con picardía
participan con torpeza
son traviesos

EL INTELECTO

analizar teorías
aprender varias materias
comunicar a través de ordenadores
corregir ideas anticuadas
dar informes
definir a fondo
descubrir nuevos métodos
especializarse en idiomas extranjeros
expresar pensamientos con precisión

MULTI—DEFINICIONES

comprender → entender

comprender → incluir

desafío → intelectual

desafío → con las armas

grado → temperatura

grado → nivel académico

notas → calificación (f)

notas → apuntes (m)

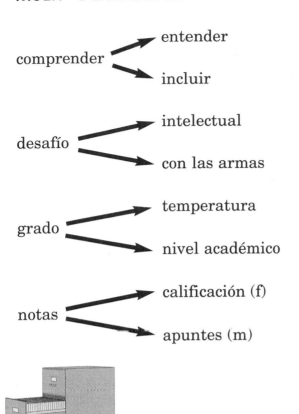

SINÓNIMOS
lengua/idioma (m)
asignatura/materia
notas/apuntes (m)
ordenador/computadora
aguantar/soportar
comportarse/portarse

Y MÁS

abecedario
acarrear
acceder
altavoz (m)
añoranza
anuncios
aparatoso/a
bilingüe
carteles (m)
cátedras
comportamiento
comprobar
corredor (m)

cursar
debate (m)
educación (f)
educado/a
educarse
educativo/a
¡Enhorabuena!
especialización (f)
experimentos
ficciones (f)
fórmulas (f)
graderías
instituto

laboratorio
licenciado/a
pantalla
papel de calco (m)
pensamientos
períodos
poema (m)
pupitre (m)
sonar
trozo
universidad (f)

El arte de escuchar: Diálogos cortos

Instrucciones: Ahora vas a escuchar una serie de diálogos. Después de cada diálogo se te harán varias preguntas sobre lo que acabas de escuchar. Para cada pregunta elige la mejor respuesta de las cuatro opciones escritas en tu libreta de examen y rellena el óvalo correspondiente en la hoja de respuestas.

NOW GET READY FOR THE DIALOGUE

1. (A) A cobro revertido.
   (B) Con tarjeta de crédito.
   (C) Con tarjeta de deuda.
   (D) Por teléfono público.

2. (A) Porque creía que su hija estudiaba muy fuerte.
   (B) Porque habló con ella el otro día.
   (C) Porque su hija había estado en la universidad sólo una semana.
   (D) Porque generalmente su hija nunca tiene tiempo para llamarlo.

3. (A) Los escritorios son cómodos.
   (B) Las materias le interesan intelectualmente.
   (C) Hay carteles, mapas y un reloj en las paredes.
   (D) Unos profesores guapos los enseñan.

4. (A) Porque le robaron el dinero y su tarjeta de crédito.
   (B) Porque no tenía bastante dinero.
   (C) Porque no quería gastar el dinero.
   (D) Porque se le perdió la cartera.

5. (A) Porque había pasado una semana en la universidad y quería hablar con su familia.
   (B) Porque le faltaba dinero.
   (C) Porque todo le iba bien y quería decírselo a su padre.
   (D) Porque le robaron el dinero.

6. (A) Tacaña.
   (B) Mimada.
   (C) Terca.
   (D) Estudiosa.

El arte de escuchar: Narraciones breves

Instrucciones: Ahora escucharás una serie de narraciones breves. Después de cada narración se te harán varias preguntas sobre lo que acabas de escuchar. Para cada pregunta elige la mejor respuesta de las cuatro opciones escritas en tu libreta de examen y rellena el óvalo correspondiente en la hoja de respuestas.

NOW GET READY FOR THE NARRATIVE

1. (A) En los países de la Comunidad Europea.
   (B) En España.
   (C) En México.
   (D) En Latinoamérica.

2. (A) El estudiante tiene que tomar exámenes nacionales antes de asistir a la universidad.
   (B) Los profesores necesitan saber enseñar en varias etapas del sistema educativo.
   (C) El estudiante puede entrar directamente al mundo profesional.
   (D) El estudiante lleva menos materias a la vez.

3. (A) Debe decidir en qué facultad quiere ingresar.
   (B) Debe decidir en qué universidad quiere ingresar.
   (C) Debe decidir cuáles son las mejores universidades.
   (D) Debe decidir en qué campo académico quiere especializarse.

4. (A) Pedir la solicitud en la universidad que le interesa más.
   (B) Recibir cierta nota aceptable en unos exámenes nacionales.
   (C) Encontrar a alguien que le escriba una buena carta de recomendación.
   (D) Presentar un promedio adecuado en todas sus materias.

Instrucciones: Ahora escucharás una selección de unos cinco minutos de duración. Se te recomienda tomar apuntes en el espacio en blanco de esta hoja. Estos apuntes no serán calificados. Al final de la selección leerás una serie de preguntas sobre lo que acabas de escuchar. Basándote en la información de la selección, elige la MEJOR respuesta a cada pregunta de las cuatro opciones impresas en tu libreta de examen y rellena el óvalo correspondiente en la hoja de respuestas.

NOW GET READY FOR THE SELECTION

Instrucciones: Ha terminado esta selección. No se leerán las preguntas en voz alta, pues las tienes impresas en tu libreta de examen. Ahora pasa a la sección de **El arte de escuchar: Selecciones extendidas** para Capítulo VII y empieza a trabajar. Te quedan cuatro minutos para elegir las respuestas correctas.

1. ¿Dónde sucedió esta escena?
   (A) En la clase de español.
   (B) En la oficina del Sr. Sejero.
   (C) En el patio de la escuela.
   (D) En la cafetería.

2. ¿Por qué no quería Josefina que Felipe se sentara con ellas?
   (A) No tenía tiempo.
   (B) No le caía bien.
   (C) Tenía que irse a una reunión.
   (D) Tenía una cita con Mandi.

3. ¿Por qué se fue Mandi?
   (A) No tenía más que decir.
   (B) Tenía una reunión con un profesor.
   (C) Trataba de escaparse de la situación.
   (D) Se puso nerviosa.

4. ¿Por qué Felipe le hizo tantas preguntas a Josefina?
   (A) Estaba nervioso.
   (B) Quería saber mucho.
   (C) Acababa de aprender algo nuevo.
   (D) Es un chico amigable.

5. ¿Cómo sabía Felipe que Josefina era buena estudiante?
   (A) Estudiaba mucho.
   (B) Recibía buenas notas.
   (C) Llevaba clases avanzadas.
   (D) No iba a la universidad.

6. ¿Qué costos cubrirían las becas para Josefina?
   (A) Los libros.
   (B) Las licencias.
   (C) La solicitud.
   (D) La matrícula.

7. ¿Qué tipo de trabajo tenía Josefina?
   (A) Era aprendiz principiante.
   (B) Era peluquera licenciada.
   (C) Era nueva escritora.
   (D) Era pintora de murales.

8. ¿Por qué cree Felipe que es mejor que Josefina se vaya a la universidad?
   (A) Podrá estar con Felipe.
   (B) Recibirá una beca.
   (C) Podrá ganar más dinero.
   (D) Tendrá una experiencia intelectual excitante.

9. ¿Por qué se disculpó Josefina?
   (A) Tenía cita con su profesora de arte.
   (B) No quería que revelara más el Sr. Sejero.
   (C) No pudo aguantar más a Felipe.
   (D) Quería hablar más con Mandi.

10. ¿Por qué mintió Josefina acerca de la universidad.
   (A) No tenía interés en ir a la universidad.
   (B) Era modesta.
   (C) Quería molestar a Felipe.
   (D) Quería hablar con el Sr. Sejero.

Practicando el Vocabulario

Sección I

1. Es un colegio muy conocido. Su . . . es uno de los mejores.

    (A) informe   (C) recibo

    (B) profesorado   (D) idioma

2. A menudo los jóvenes miran la televisión . . . tres o cuatro horas diarias.

    (A) como promedio de   (C) tan pronto como

    (B) así como   (D) como si

3. Los maestros de AP son amables . . . pueden ser muy estrictos a la vez.

    (A) lo antes posible   (C) aunque

    (B) a tono con   (D) rumbo a

4. Los jóvenes prefieren que los profesores no den . . . en clase.

    (A) un significado   (C) un sonido

    (B) una maldad   (D) una conferencia

5. Para . . . los problemas académicos, hay que repasar todas las noches.

    (A) elaborar   (C) manejar

    (B) evitar   (D) cumplir

6. El señor Martínez entra en la clase llevando todos los papeles en su . . .

    (A) sacacorchos.   (C) maletín.

    (B) pisapapeles.   (D) pincel.

7. En Chile el año . . . empieza en mayo.

    (A) escolar   (C) económico

    (B) bisiesto   (D) nuevo

8. Generalmente, . . . empieza a los seis años.

    (A) la enseñanza   (C) el bureo

    (B) la pantalla   (D) la butaca

9. Después de graduarse, Juan y sus amigos comienzan . . . de empleo.

    (A) el riesgo   (C) la revuelta

    (B) el premio   (D) la búsqueda

10. Es la hora de clase y Juan está afuera; los amigos saben bien que está . . . a clase.

    (A) existiendo   (C) faltando

    (B) cometiendo   (D) corrigiendo

Sección II

1. Los novios entran en el colegio . . . del brazo.

    (A) cogidos   (C) vueltos

    (B) escogidos   (D) sacados

2. Son las ocho de la mañana y las clases están a . . . de empezar.

    (A) término   (C) punto

    (B) principio   (D) suceso

3. Juanita quiere tomar apuntes; tiene su cuaderno pero le . . . un lápiz.

    (A) parece   (C) hace falta

    (B) quita   (D) saca

4. David está soñando con su novia y no . . . la conferencia.

    (A) descansa de   (C) saluda

    (B) hace caso de   (D) sala

5. La profesora empieza por . . . para ver si todos están.

    (A) encender las sillas   (C) pasar lista

    (B) borrar la pizarra   (D) sacudir el escritorio

6. Guardan los exámenes en . . . que están en el archivo.

    (A) las ecuaciones   (C) las encuestas

    (B) las carpetas   (D) los promedios

7. Tengo que aprender todo de memoria a causa de . . . mañana.

    (A) la ficha   (C) la prueba

    (B) los gastos   (D) los créditos

8. Los estudiantes han de . . . los libros a las clases todos los días pero no lo hacen.

    (A) cumplir   (C) traer

    (B) probar   (D) llenar

9. La clase de química avanzada es . . . y a mí no me gusta.

    (A) conveniente   (C) agradable

    (B) ardua   (D) elemental

10. Los jóvenes piensan en los fines de semana y los cafés . . . de gente.

    (A) vacíos   (C) refrescos

    (B) perdidos   (D) llenos

Practicando la Gramática

Instrucciones: Ya no se incluye esta parte en el examen de AP. Sin embargo, te la presentamos de práctica. En esta parte, debes elegir la palabra o frase que completa la oración correctamente.

1. El pupitre, en . . . me siento, está en la primera fila.

    (A) las cuales   (C) la que

    (B) que   (D) cual

2. De pequeña, . . . a una escuela primaria.

    (A) asistía   (C) había asistido

    (B) asistiera   (D) he asistido

3. Hay que . . . los apuntes lo más pronto posible.

    (A) repase   (C) repasase

    (B) repasa   (D) repasar

4. Los estudiantes universitarios están en tiempos de . . . cambios.

    (A) grandes   (C) gran

    (B) grande   (D) mayoría

5. Isabel recibió noticias que había ganado una beca. Van a . . . el primero de agosto.

    (A) darles   (C) dárselo

    (B) dársela   (D) dárselas

6. Víctor, saca buenas notas y no . . . el tiempo en las discotecas.

    (A) pierda   (C) pierdes

    (B) pierdas   (D) pierde

7. Hay estudiantes aquí que representan las mejores universidades . . . institutos.

    (A) y   (C) e

    (B) a   (D) u

8. La clase estaba tirando papeles cuando el profesor . . .

    (A) ha entrado.   (C) entre.

    (B) entró.   (D) había entrado.

9. Después del examen, voy a pasar . . . tu apartamento.

    (A) para   (C) en

    (B) desde   (D) por

10. Aquí en la Escuela de Derecho, se . . . mucho.

    (A) estudian   (C) estudia

    (B) estudiase   (D) estudie

El arte de leer: Vocabulario y Gramática

Instrucciones: En cada uno de los siguientes pasajes se encuentran espacios en blanco donde se han omitido palabras o frases. Cada espacio en blanco tiene cuatro posibles opciones para completarlo, de las cuales sólo una es correcta.

Primero lee el pasaje rápidamente para determinar la idea general. Después léelo de nuevo detenidamente. Para cada espacio en blanco, elige la opción más apropiada de acuerdo al contexto del pasaje y rellena el óvalo correspondiente en la hoja de respuestas.

Sección I

¡JAQUE MATE!

Cada semana Rickey, de once años, es rey por algunas horas. También puede ser alfil, caballo, o peón. Rickey puede ser todas estas cosas porque juega al ajedrez. Rickey aprendió a jugar al ajedrez por el programa nacional "El Ajedrez para los Colegios" cuando __(1)__ en el tercer grado. Ahora está en sexto grado y todavía le encanta jugar. __(2)__ es porque el ajedrez es más que un juego. El ajedrez es como un ejercicio para la mente y Rickey juega con __(3)__

El ajedrez le __(4)__ a Rickey. Todo el mundo ha notado una diferencia en él __(5)__ empezó a jugar el juego. Está más atento y disciplinado en la escuela. Le ha ayudado a Rickey a evitar __(6)__ en __(7)__. En vez de __(8)__ castigado en mi oficina, ahora lo veo leyendo libros.

Aún la madre de Rickey ha notado cómo el ajedrez lo ha ayudado, dice, "Estoy contenta que mi hijo __(9)__ en este programa. Sus notas en matemáticas y lectura han subido y se está __(10)__ de una forma más responsable en casa. El ajedrez representa un desafío, pero también ofrece __(11)__. El juego __(12)__ ha cambiado la vida a Rickey.

1. (A) estuviera
   (B) estaba
   (C) está
   (D) estuvo

2. (A) Ese
   (B) Lo
   (C) Eso
   (D) Aquel

3. (A) picardía
   (B) torpeza
   (C) demanda
   (D) indolencia

4. (A) cambiará
   (B) ha cambiado
   (C) cambiase
   (D) cambie

5. (A) hasta que
   (B) con tal de que
   (C) para que
   (D) desde que

6. (A) estar
   (B) estando
   (C) está
   (D) esté

7. (A) un golpe
   (B) un aprieto
   (C) un follaje
   (D) un humo

8. (A) lo ve
   (B) viéndolo
   (C) verlo
   (D) lo vería

9. (A) estará
   (B) estaba
   (C) esté
   (D) está

10. (A) portando
    (B) hundiendo
    (C) fulgurando
    (D) espantando

11. (A) carencia
    (B) recompensa
    (C) abalorio
    (D) abecedario

12. (A) lo
    (B) los
    (C) le
    (D) la

Sección II

Archivo	Edición	Imagen	Capa	Selección	Filtro

Archivo
Nuevo
Abrir
Cerrar
Guardar
Guardar como
Importar
Exportar
Automatizar
Ajustar página
Imprimir
Preferencias

Ahí arriba

Ya hemos tenido ocasión de ver que el hablante considera Internet un espacio físico (y en ocasiones, además, __(1)__). Pero ¿dónde está respecto al usuario? ¿Tal vez por todas partes? En absoluto.

DOWNLOAD

Por más curioso que __(2)__ resultar, parece que la metáfora dominante es que Internet está situada arriba, y esto es así aunque el servidor al que se accede __(3)__ en el piso de abajo. En consecuencia, cuando alguien __(4)__ algo de la red para __(5)__ en su ordenador se lo baja: "Tardo mucho en __(6)__ el correo".

La expresión es __(7)__ del término inglés *download*, que tiene también ese componente especial (*down* significa *abajo*). *Downloading* se traduce como bajada.

DESCARGAR

También hay quien traduce *download* como descargar. "He *descargado* todo el correo esta mañana". Corresponde a una traducción más exacta. *Bajada* y *descarga* compiten en español, aunque el segundo parece más formal.

COPIAR

Otra traducción que se usa para *download* es copiar. En este caso __(8)__ se refleja es el hecho de que el ordenador del usuario __(9)__ copia los archivos (de texto, de imágenes o sonidos). Para ello usa una zona de almacenamiento temporal que se llama caché. En el siglo XIX la lengua inglesa tomó __(10)__ del francés *cacher* (esconder) la palabra *cache*, con el significado de *escondite, escondrijo*. Un típico cache (que los ingleses pronuncian "cash") es el lugar donde se oculta un tesoro . . . En informática, la expresión *cache memory* __(11)__ inicialmente una zona de memoria que suministraba datos ya __(12)__ a la CPU (o unidad central de procesamiento). Era una memoria muy rápida, y su uso evitaba tener que __(13)__ datos de la memoria central. El nombre probablemente __(14)__ de que su uso pasaba inadvertido para la gente (que no tenía __(15)__ saber que los datos podían venir de esta memoria intermedia).

1. (A) líquidas
   (B) líquidos
   (C) líquido
   (D) líquida

2. (A) pueda
   (B) puede
   (C) pudo
   (D) podía

3. (A) esté
   (B) estará
   (C) ha estado
   (D) estaba

4. (A) cogerá
   (B) cogió
   (C) coja
   (D) coge

5. (A) ponerlo
   (B) ponerla
   (C) ponerlos
   (D) ponerlas

6. (A) bajándome
   (B) me bajo
   (C) bajarme
   (D) me ha bajado

7. (A) una recolección
   (B) un calco
   (C) un recuerdo
   (D) un canje

8. (A) lo que
   (B) el cual
   (C) que
   (D) quien

9. (A) efectismo
   (B) efectivamente
   (C) efectividad
   (D) efectivo

10. (A) prestados
    (B) prestado
    (C) prestada
    (D) prestadas

11. (A) indique
    (B) indicó
    (C) indicara
    (D) indicará

12. (A) utilizado
    (B) utilizada
    (C) utilizados
    (D) utilizadas

13. (A) extraer
    (B) extraiga
    (C) extrayendo
    (D) extraía

14. (A) haya venido
    (B) venía
    (C) habrá vendido
    (D) venga

15. (A) lo que
    (B) porque
    (C) a causa de
    (D) por qué

El arte de leer: Gramática incorrecta

Instrucciones: En las siguientes oraciones, debes elegir la parte que hay que CAMBIAR para que la oración sea gramaticalmente correcta.

1. Gloria, en tu clase de literatura, ¿<u>hay</u> siete <u>o</u> ocho estudiantes <u>que</u> <u>son</u> de países
                                        a   b   c   d

latinoamericanos?

2. Sobre todo, <u>los</u> temas que <u>mis</u> estudiantes me han <u>presentados</u> son <u>interesantes</u>.
                  a   b   c   d

3. ¿Qué <u>te</u> <u>pareces</u>, Verónica? Aunque <u>nieve</u> mañana ¿<u>irás</u> a la conferencia?
          a   b   c   d

4. Elena, mi amor, <u>hable</u> en voz <u>alta</u>; <u>a causa del</u> ruido del ventilador no <u>puedo</u> oírte bien.
                      a   b   c   d

5. El profesor <u>me</u> <u>dijo</u> que no <u>ocurriera</u> la reunión de los honores y por consiguiente no <u>fui</u>.
                a   b   c   d

6. El comité está planeando <u>varios</u> actividades <u>para</u> el año escolar para que los estudiantes
                                   a   b

<u>se</u> <u>conozcan</u> mejor.
a   d

7. Cristina <u>sigue</u> <u>buscar</u> el boli aunque <u>empezó</u> la primera parte del examen <u>hace</u> cinco
                a   b   c   d

minutos.

8. Las autoridades dicen que <u>los</u> niveles avanzados son mejores que <u>los</u> de <u>los</u> principiantes,
                               a   b   c

pero realmente no <u>los</u> son.
                    d

9. No <u>le</u> <u>interesan</u> mucho las matemáticas a <u>esos</u> estudiantes porque no <u>las</u> entienden bien.
       a   b   c   d

10. Ramón, no estudias <u>tanto</u> horas <u>como</u> <u>yo</u>; ¿no ves la importancia de <u>hacerlo</u>?
                       a   b c   d

El arte de leer: Lectura

Lectura I

EL ÁRBOL DE LA CIENCIA — Pío Baroja

Los estudiantes

En esta época era todavía Madrid una de las pocas ciudades que conservaba espíritu romántico.

Todos los pueblos tienen, sin duda, una serie de fórmulas prácticas para la vida a consecuencia de la raza, de la historia, del ambiente físico y moral. Tales fórmulas, tal
5 especial manera de ver, constituye un pragmatismo útil, simplificador, sintetizador. El pragmatismo nacional cumple su misión mientras deja paso libre a la realidad; pero si se cierra este paso, entonces la normalidad de un pueblo se altera, la atmósfera se enrarece, las ideas y los hechos toman perspectivas falsas. En un ambiente de ficciones, residuo del pragmatismo viejo y sin renovación, vivía el Madrid de hace años.

10 Otras ciudades españolas se habían dado alguna cuenta de la necesidad de transformarse y cambiar; Madrid seguía inmóvil, sin curiosidad, sin deseo de cambio.

El estudiante madrileño, sobre todo el venido de provincias, llegaba a la corte con un espíritu donjuanesco, con la idea de divertirse, jugar, perseguir a las mujeres; pensando, como decía el profesor de Química con su solemnidad habitual, quemarse pronto en un
15 ambiente demasiado oxigenado.

Menos el sentido religioso, del que muchos carecían y no les preocupaba gran cosa la religión, los estudiantes de las postrimerías del siglo XIX venían a la corte con el espíritu de un estudiante del siglo XVII, con la ilusión de imitar, dentro de lo posible, a don Juan Tenorio y de vivir

20   *llevando a sangre y fuego amores y desafíos.*

El estudiante culto, aunque quisiera ver las cosas dentro de la realidad e intentara adquirir una idea clara de su país y del papel que representaba en el mundo, no podía. La acción de la cultura europea en España era realmente restringida y localizada a cuestiones técnicas; los periódicos daban una idea incompleta de todo; la tendencia general era hacer
25 creer que lo grande de España podía ser pequeño fuera de ella, y al contrario, por una especie de mala fe internacional.

1. El rechazo del "pragmatismo nacional" por Madrid ha producido . . .
  (A) un ambiente de realidad práctica.   (C) un sentido innovador pero romántico.
  (B) una perspectiva engañosa de la realidad.   (D) una atmósfera útil y normal.

2. "Madrid seguía inmóvil, sin curiosidad, sin deseo de cambio", describe bien . . .
  (A) la ambigüedad de la capital.   (C) la hipocresía de la capital.
  (B) la abulia de la capital.   (D) el enajenamiento de la capital.

3. ¿Qué es "un espíritu donjuanesco"?
- (A) Un deseo de quemar las pestañas todas las noches.
- (B) Un deseo de velar la noche con otros compañeros.
- (C) Un deseo de estar de juerga todas las noches.
- (D) Un deseo de desafiar las ilusiones del siglo XVII.

4. ¿Por qué no podía enterarse el estudiante erudito del papel de España en el mundo?
- (A) Los periódicos españoles sólo hablaban de asuntos técnicos.
- (B) Los profesores no decían más que la influencia de España era pequeña.
- (C) Los europeos mentían sobre la influencia de España en el mundo.
- (D) La prensa madrileña no daba una idea clara de la situación.

5. El tono de este trozo es bastante. . .
- (A) humilde.
- (B) placentero.
- (C) agrio.
- (D) fiel.

Lectura II

EL ÁRBOL DE LA CIENCIA — Pío Baroja

Los estudiantes (A continuación)

Aquel ambiente de inmovilidad, de falsedad, se reflejaba en las cátedras. Andrés Hurtado pudo comprobarlo al comenzar a estudiar Medicina. Los profesores del año preparatorio eran viejísimos; había algunos que llevaban cerca de cincuenta años explicando.

5 Sin duda no los jubilaban por sus influencias y por esa simpatía y respeto que ha habido siempre en España por lo inútil.

Sobre todo aquella clase de química de la antigua capilla de Instituto de San Isidro era escandalosa. El viejo profesor recordaba las conferencias del Instituto de Francia, de célebres químicos, y creía, sin duda, que explicando la obtención del nitrógeno y del cloro estaba haciendo un descubrimiento, y le gustaba que le aplaudieran. Satisfacía su pueril
10 vanidad dejando los experimentos aparatosos para la conclusión de la clase, con el fin de retirarse entre aplausos como un prestidigitador.

Los estudiantes le aplaudían, riendo a carcajadas. A veces, en medio de la clase a alguno de los alumnos se le ocurría marcharse, se levantaba y se iba. Al bajar por la escalera de la gradería los pasos del fugitivo producían gran estrépito, y los demás muchachos,
15 sentados, llevaban el compás golpeando con los pies y con los bastones.

En la clase se hablaba, se fumaba, se leían novelas, nadie seguía la explicación; alguno llegó a presentarse con una corneta, y cuando el profesor se disponía a echar en un vaso de agua un trozo de potasio, dio dos toques de atención; otro metió un perro vagabundo, y fue un problema echarlo.

20 Había estudiantes descarados que llegaban a las mayores insolencias: gritaban, rebuznaban, interrumpían al profesor. Una de las gracias de estos estudiantes era la de dar un nombre falso cuando se lo preguntaban.

– Usted – decía el profesor, señalándole con el dedo, mientras le temblaba la rodilla por la cólera – ¿cómo se llama usted?

25 – ¿Quién? ¿Yo?

– Sí, señor; ¡usted, usted! ¿Cómo se llama usted? – añadía el profesor, mirando la lista.

– Salvador Sánchez.

– Arias Frascuelo – decía alguno entendido con él.

– Me llamo Salvador Sánchez; no sé a quién le importará que me llame así, y si hay alguno
30 que le importe, que lo diga – replicaba el estudiante, mirando al sitio de donde había salido
la voz y haciéndose el incomodado. – ¡Vaya usted a paseo! – replicaba otro.

– ¡Eh! ¡Eh! ¡Fuera! ¡Al corral! – gritaban varias voces.

– Bueno, bueno. Está bien. Váyase usted – decía el profesor temiendo las consecuencias de
estos altercados.

35 El muchacho se marchaba, y a los pocos días volvía a repetir la gracia dando como suyo el
nombre de algún político célebre o de algún torero.

Andrés Hurtado, los primeros días de clase, no salía de su asombro. Todo aquello era
demasiado absurdo. El hubiese querido encontrar una disciplina fuerte y al mismo tiempo
afectuosa, y se encontraba con una clase grotesca, en que los alumnos se burlaban del
40 profesor. Su preparación para la ciencia no podía ser más desdichada.

1. El apellido Hurtado es muy apto porque Andrés ha sido . . .
   (A) aprobado en química.
   (B) desilusionado en sus estudios.
   (C) engañado por el profesor.
   (D) robado de una educación buena.

2. ¿Cómo era el comportamiento de los estudiantes?
   (A) Los estudiantes se mofaban del sistema.
   (B) Los estudiantes solían verificar sus nombres con respeto.
   (C) Los estudiantes estaban bien educados.
   (D) Los estudiantes querían causarle una buena impresión al profesor.

3. ¿Cómo se caracterizaba la actitud de Andrés hacia su educación?
   (A) Era de indiferencia.
   (B) Era de desilusión.
   (C) Era de resignación.
   (D) Era de fastidio.

4. Andrés descubrió que la enseñanza contenía . . .
   (A) sus exponentes incompetentes.
   (B) sus catedráticos gallardos.
   (C) sus métodos innovadores.
   (D) sus interacciones profundas.

5. El narrador alude a . . . por parte de Andrés.
   (A) un escepticismo
   (B) una añoranza
   (C) una estimación
   (D) un optimismo

El arte de escribir: Vocabulario

Instrucciones: Lee el pasaje siguiente. Luego escribe en la línea a continuación de cada número la forma de la palabra entre paréntesis que se necesita para completar el pasaje de manera lógica y correcta. Para recibir crédito, tienes que escribir y acentuar la palabra correctamente. Sólo debes escribir UNA palabra en cada línea. Es posible que la palabra sugerida no requiera cambio alguno. Escribe la palabra en la línea aun cuando no sea necesario ningún cambio.

Sección I

Cuando yo era un bebé, el mundo era una __(1)__ universidad y las clases nunca __(2)__. Cuando me __(3)__ a los cinco años, había __(4)__ en gran parte mi actitud y mi modo de __(5)__ durante la adolescencia. __(6)__ importantes experiencias de cómo __(7)__ y actuar ante la sociedad, como __(8)__, vestirme y cuidarme; y cómo comunicar __(9)__ pensamientos y deseos.

1. _____ (grande)

2. _____ (terminar)

3. _____ (graduar)

4. _____ (definir)

5. _____ (comportarse)

6. _____ (Tener)

7. _____ (sobrevivir)

8. _____ (alimentarse)

9. _____ (mi)

Sección II

Crecer y madurar son __(1)__ tareas __(2)__ complicadas para __(3)__ en tan poco tiempo. Por suerte, los bebés no __(4)__ entre "aprender" y "__(5)__". Así que el secreto de todo este proceso __(6)__ en __(7)__ cada tarea como un __(8)__ juego. Y los padres serán los protagonistas __(9)__ de __(10)__ interesante enseñanza.

1. _____ (un)

2. _____ (bastante)

3. _____ (aprender)

4. _____ (diferenciar)

5. _____ (divertirse)

6. _____ (consistir)

7. _____ (presentar)

8. _____ (divertido)

9. _____ (exclusivo)

10. _____ (este)

El arte de escribir: Verbos

Sección I

1. Los compañeros de colegio describen a este chico como si __(1)__ muy mal educado.

1. _____ (ser)

2. El estudiante travieso siguió __(2)__ a la profesora.

2. _____ (molestar)

3. Manuel y Juan, no hablen tanto. __(3)__ bien.

3. _____ (Portarse)

4. La carta oficial de la escuela nos exige que __(4)__ un boli y un cuaderno.

4. _____ (traer)

5. Los bibliotecarios les prohibían a los estudiantes que __(5)__ aquí en la biblioteca.

5. _____ (hablar)

6. Vamos a __(6)__ temprano para el primer día de clases.

6. _____ (levantarse)

7. María siempre termina su día __(7)__ los apuntes.

7. _____ (repasar)

8. Lola estudiará tres horas en la biblioteca para __(8)__ una buena nota.

8. _____ (sacar)

9. No __(9)__ por el examen intermedio; vas a salir bien.

9. _____ (preocuparse)

10. Siempre me aburría cuando __(10)__ el profesor.

10. _____ (hablar)

Sección II

1. Todavía no __(1)__ una carrera pero tengo que tomar una decisión pronto.

2. Cuando __(2)__ de la escuela secundaria, sólo entonces podrás entrar en el mundo de trabajos aburridos.

3. Mi amigo, Roberto, hablaba como si __(3)__ muchos poemas en su vida.

4. Durante el semestre pasado yo __(4)__ apuntes en todas mis clases.

5. Sólo después de haber __(5)__ el libro tres veces pudimos comprenderlo.

6. Los profesores aprovecharon el fin de semana y __(6)__ los exámenes finales.

7. Miguel me dijo que __(7)__ su título en dos años más.

8. El año pasado Calisto y Melibea __(8)__ muy buenos amigos en el centro de computación.

9. Las nuevas normas exigen que todos los estudiantes siempre __(9)__ a los profesores.

10. Si Alicia __(10)__ bien su especialización no tendrá problema alguno con las pruebas de acceso universitario.

---

1. _____ (escoger)

2. _____ (graduarse)

3. _____ (analizar)

4. _____ (sacar)

5. _____ (leer)

6. _____ (corregir)

7. _____ (tener)

8. _____ (hacerse)

9. _____ (obedecer)

10. _____ (elegir)

El arte de escribir: Ensayos

Ensayo I: Las carreras

Se supone que uno está en la escuela para prepararse para una carrera. Hay algunos que dicen que cuanto más temprano empecemos la preparación para una carrera específica tanto mejor. Otros dicen que es más importante una preparación general en la que se desarrolle la capacidad de pensar, analizar y expresarse. Escribe un ensayo en el que discutas lo bueno y lo malo de estos dos puntos de vista.

_____

_____

_____

_____

Ensayo II: Idiomas extranjeros en un mundo que se encoge

En un mundo que constantemente se hace más pequeño es difícil no estar consciente de la gente de otros países. En un ensayo discute si es necesario saber otro idioma para llevarse bien en una época en que "el mundo es un pañuelo".

_____

_____

_____

_____

Ensayo III: Programas sociales en los colegios

En muchos colegios hay programas sociales sobre el uso y abuso de drogas, la sexualidad y las relaciones sexuales y otras conductas que podrían acarrear más problemas personales. Escribe un ensayo en el que discutas si los colegios deben de ser los lugares donde se enseña sobre problemas sociales. Considera el papel de la familia en este asunto.

_____

_____

_____

_____

Ensayo IV: Los idiomas extranjeros

En este país hay muchos que no estudian un idioma extranjero. Dan muchas razones para no hacerlo: todo el mundo habla inglés, es demasiado difícil, prefiero estudiar otras asignaturas, etc. Escribe un editorial para el periódico de tu escuela en el que intentes convencer a estas personas de que vale la pena estudiar y aprender un idioma extranjero.

_____

_____

_____

_____

Ensayo V: La futura minoría más grande

Dentro de poco la minoría más grande de los Estados Unicos será la de los de ascendencia española e hispana. Dado este hecho discute en un ensayo si es importante que las escuelas primarias y secundarias ofrezcan educación bilingüe en la que los de habla española puedan educarse en español e inglés.

_____

_____

_____

_____

Ensayo VI: El dinero y la educación

Muchas veces los jóvenes abandonan sus estudios para ganar dinero y nunca regresan para terminar su educación básica. Se dice que el dinero hace al hombre o a la mujer pero la formación intelectual hace al señor o a la señora. Discute este dicho con respecto a tu situación personal y la situación de otros que conoces.

_____

_____

_____

_____

Ensayo VII: Andrés Hurtado y la educación moderna

Imagina que eres Andrés Hurtado (el personaje de las lecturas de este capítulo) y que te encuentras en un típico colegio actual. Escribe una carta a un amigo del siglo XIX en la cual comparas el colegio moderno con el de la Madrid del siglo XIX.

_____

_____

_____

_____

El arte de hablar: Serie de dibujos

Ahora empieza a pensar en los dibujos.

Cuando cuentes cuentos
cuenta cuantos cuentos cuentas,
porque si no cuentas cuantos cuentos cuentas,
nunca sabrás cuántos cuentos cuentas tú.

1

2

3

4

5

6

El arte de hablar: Preguntas y Respuestas

Directions: Now you will be asked to respond to a series of questions. Listen carefully to each question, since your score will be based on your comprehension of the questions, as well as the appropriateness, grammatical accuracy, and pronunciation of your response. You should answer each question as extensively and as fully as possible. If you hear yourself make an error, you should correct the error. If you are still responding when you hear the speaker say, "Now we will go on to the next question," stop speaking and listen. Do not be concerned if your response is incomplete.

Each question will be spoken twice. The questions are not printed in your booklet. In each case, you will have 20 seconds to respond. For each question, wait until you hear the tone signal before you speak. The questions are about high school.

First you will hear a practice question that will not be scored. Do not record your answer. Here is the practice question.

Laura se encuentra con su amigo Jaime y le dice:
"¡Hola, Jaime! Hace mucho que no te veo. ¿Qué has hecho?"
"Pues, nada. Abandoné mi carrera de programador para
    dedicarme a escribir. Ahora soy escritor."
"¡Qué bien! Admiro a la gente que abandona su carrera para
    dedicarse a lo que siempre soñó. ¿Has vendido algo?"
"¡Sí! Mi casa, mi coche, mis acciones en la bolsa. ¡Casi todo!"

CAPÍTULO VIII

EL CONSUMO

¡¡¡¡¡¡¡¡¡¡¡¡¡¡ MODISMOS !!!!!!!!!!!!!!

Los inversionistas siempre **corren el riesgo** de perder su dinero y encontrarse de la mañana a la noche **en bancarrota**.

Durante ciertas temporadas, la mercancía de esta tienda **está de rebajas** con descuentos impresionantes **del 50 por ciento** o más.

Esta semana se han **puesto a la venta** varios muebles, no **de venta menor** sino **de venta mayor** y por eso **el precio de venta** refleja un deseo de venderlo todo cuanto antes. También se venden los electrodomésticos **a doce plazos**.

JUEGOS DE PALABRAS **?**

En **la plaza** mayor de mi pueblo hay treinta **plazas** para coches y **a corto plazo** habrá más.

Mi padre **está jubilado** y cree con **júbilo** que su **jubilación** fue el momento más **jubiloso** de su vida.

Mi tío parece ser tacaño pero **en el fondo** es muy generoso. Dio un millón de pesetas para fundar **el fondo** que sostiene la biblioteca local.

LOS OFICINISTAS
abogado/a
agente de viajes (m, f)
consejero/a
diplomático/a
negociador/a
pediatra (m, f)
periodista (m, f)
profesor/a
recepcionista (m, f)
secretario/a
traductor/a

LOS FINANCIEROS
accionista (m, f)
agente de bienes raíces (m, f)
agente de seguros (m, f)
director/a
productor/a

LOS TRABAJADORES
camarero/a
carpintero/a
electricista (m, f)
jardinero/a
molinero/a
plomero/a

EL CONSUMO

Siembra buenas obras y recogerás frutos de sobra.

187

LOS PATRONES
dirección administrativa (f)
gerente (m, f)
jefe (m, f)
vice presidente (m, f)
presidente (m, f)

LA RIQUEZA
acomodado/a
caro/a
enriquecedor/a
ostentoso/a
rico/a

LAS FINANZAS
acciones (f)
ascender
banco
bolsa
capital (m)
cambio
cliente (m, f)
cobrar
comprar
contratar
invertir
dinero
ganar
gastar
hipoteca
impuestos
negocios
precio
propiedad (f)
realizar una ganancia
rentabilizar

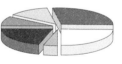

LOS SINDICATOS
desempleo
empleado/a
empleo
estar en huelga
jornada
producción (f)
rango
sueldo

LAS EMPRESAS
compañía
contratos
fabricación (f)
fábrica
oficina
personal (m)
presupuesto
producto
recursos
sucursal (f)
taller (m)

LA CONTABILIDAD VITAL

inversiones (f)	+	suerte (f)	=	ganancia
salud (f)	+	amor	=	riqueza
celo	+	entrenamiento	=	ascenso
pereza	+	retraso	=	despido
talento	x	esfuerzo	=	éxito
esperanza	–	labor (f)	=	ensueño

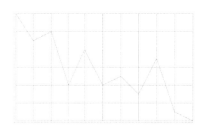

Y MÁS

amparo
aviso
bienestar (m)
estar a cargo de
escaso/a
comisario
contactos
cuenta
diseños
dotado/a
económico/a
empeñar
encargado/a de
especialista (m, f)
gallardo/a

holganzas
indemnización (f)
jefatura
medidas
merecer
oficina
perspicaz
presentir
profesión (f)
recomendación (f)
rótulo
servicio social
superar
tenaz
terco/a

El arte de escuchar: Diálogos cortos

NOW GET READY FOR THE DIALOGUE

1. (A) Por la tarde.
   (B) Por la mañana.
   (C) El lunes.
   (D) El viernes.

2. (A) Cansado.
   (B) Entusiasmado.
   (C) Hambriento.
   (D) Fastidiado.

3. (A) A la universidad.
   (B) A la tienda.
   (C) A la parada de autobuses.
   (D) Al aeropuerto.

4. (A) Es diplomático.
   (B) Es negociador internacional.
   (C) Es traductor simultáneo.
   (D) Es profesor de español.

5. (A) Quería una nueva perspectiva.
   (B) Su madre se lo habría insistido.
   (C) Las pruebas de su padre son exigentes.
   (D) Es buena estudiante de idiomas extranjeros.

El arte de escuchar: Narraciones breves

NOW GET READY FOR THE NARRATIVE

1. (A) De presentación.
   (B) De crédito.
   (C) De recomendación.
   (D) De aviso.

2. (A) De medicina.
   (B) De negocios.
   (C) De derecho.
   (D) De idiomas extranjeros.

3. (A) Extrovertido.
   (B) Simpático.
   (C) Meditabundo.
   (D) Solitario.

4. (A) Que es un buen investigador y escritor.
   (B) Que es un prolijo estudiante de arte renacentista.
   (C) Que es tenaz y terco.
   (D) Que es dotado en asuntos históricos y artísticos.

5. (A) Posee un buen sentido del humor.
   (B) Prefiere pocos amigos íntimos.
   (C) Se muestra compasivo y realista.
   (D) Tiene don de gente.

Instrucciones: Ahora escucharás una selección de unos cinco minutos de duración. Se te recomienda tomar apuntes en el espacio en blanco de esta hoja. Estos apuntes no serán calificados. Al final de la selección leerás una serie de preguntas sobre lo que acabas de escuchar. Basándote en la información de la selección, elige la **MEJOR** respuesta a cada pregunta de las cuatro opciones impresas en tu libreta de examen y rellena el óvalo correspondiente en la hoja de respuestas.

NOW GET READY FOR THE SELECTION

Instrucciones: Ha terminado esta selección. No se leerán las preguntas en voz alta, pues las tienes impresas en tu libreta de examen. Ahora pasa a la sección de **El arte de escuchar: Selecciones extendidas** para Capítulo VIII y empieza a trabajar. Te quedan cuatro minutos para elegir las respuestas correctas.

1. ¿A quiénes se dirige el orador de este discurso?
   (A) A los miembros de su familia.
   (B) Al presidente del país y sus partidarios.
   (C) A la viuda de uno de sus colegas.
   (D) A unos accionistas y trabajadores de la compañía.

2. ¿Cuál es el motivo de este discurso?
   (A) El funeral del anterior presidente del país.
   (B) El cambio de jefatura de una empresa.
   (C) La jubilación del actual presidente de la compañía.
   (D) El cumpleaños de un genio de la electrónica.

3. ¿Quién es el orador?
   (A) Alguien que conoce al nuevo jefe hace muchos años.
   (B) Un antiguo funcionario de la compañía.
   (C) El vicepresidente del país.
   (D) Un pariente del anterior presidente.

4. ¿Qué tipo de chiste contó el orador?
   (A) Didáctico.
   (B) Macabro.
   (C) Serio.
   (D) Satírico.

5. ¿Cuándo mostró por primera vez el nuevo jefe su capacidad extraordinaria?
   (A) Cuando barría los corredores de la fábrica.
   (B) Cuando estudiaba en la universidad.
   (C) Cuando empezó a trabajar para la compañía.
   (D) Cuando convirtió un rifle juguete en una radio.

6. ¿En qué se especializa la compañía?
   (A) En juguetes electrónicos.
   (B) En armas automáticas.
   (C) En muñecas de plástico.
   (D) En herramientas para la electrónica.

Practicando el Vocabulario

Instrucciones: <u>Ya no se incluye esta parte en el examen de AP. Sin embargo, te la presentamos de práctica.</u> Esta parte consiste en una serie de oraciones incompletas, cada una de las cuales ofrece cuatro posibles opciones para completarlas. Elige la opción más apropiada.

1. El diseñador le contó al hombre que había empleo para un fabricante de cortinas y le preguntó, "¿Sabe Ud. . . . ?"
   - (A) coser
   - (B) colar
   - (C) colgar
   - (D) colocar

2. Un prestigioso antropólogo forense efectuó los estudios y llegó a la conclusión de que faltaban . . . del hombre.
   - (A) las cadenas
   - (B) los huesos
   - (C) los bonetes
   - (D) las poligrafías

3. El investigador empezó a recurrir a . . . del ADN.
   - (A) las huellas
   - (B) los criados
   - (C) las pruebas
   - (D) las matanzas

4. La tasa de . . . se ha reducido del 20,9 por ciento al 15,1. Es decir la economía ha generado empleo.
   - (A) cifra
   - (B) paro
   - (C) ciclo
   - (D) década

5. . . . los avances logrados en los últimos meses, el estado sigue siendo el que tiene más desempleo.
   - (A) A pesar de
   - (B) Con tal de
   - (C) Por razón de
   - (D) En frente de

6. La Bolsa se recupera. Es decir, consigue . . .
   - (A) un retroceso.
   - (B) un recorte.
   - (C) una víspera.
   - (D) una subida.

7. Mientras estudiaba la carrera, trabajé varios años en un almacén. Estaba de . . .
   - (A) cajera.
   - (B) empresa.
   - (C) cliente.
   - (D) propietaria.

8. Me pagan . . . base pero entre horas extraordinarias y propinas es posible ganar mucho más.
   - (A) una amabilidad
   - (B) un sueldo
   - (C) un volumen
   - (D) un terreno

9. El 15 de abril es la fecha límite para pagarle . . . al gobierno estadounidense.
   - (A) tesis
   - (B) fraude
   - (C) impuestos
   - (D) actuaciones

10. Si algo destaca en esta oficina es la cortesía. Es una atmósfera . . .
    - (A) amigable.
    - (B) tormentosa.
    - (C) fastidiosa.
    - (D) irónica.

Practicando la Gramática

1. La firma ha creado un nuevo perfume y quiero comprar un frasco . . . 100 mi.

    (A) de   (C) por

    (B) con   (D) a

2. Para las fiestas navideñas la tienda ha lanzado una línea en . . . que se encuentra de todo. Hay lacas de labios en tonos dorados y todo tipo de maquillaje.

    (A) el   (C) lo

    (B) las   (D) la

3. Las guitarras de los hermanos Martínez no son tan caras como . . .

    (A) mis.   (C) los suyos.

    (B) los nuestros.   (D) las mías.

4. La madera ha sido . . . pulida y brilla como si fuera un diamante.

    (A) meticulosa   (C) meticuloso

    (B) meticulosamente   (D) meticulosas

5. Hay demasiados instrumentos en la vitrina y no sé . . . comprar.

    (A) lo que   (C) donde

    (B) que   (D) qué

6. Sr. Fernández, mucho de . . . ve está a la venta.

    (A) que   (C) lo que

    (B) cual   (D) qué

7. Entre . . . mercancías, no podía decidir qué quería.

    (A) tantas   (C) tan

    (B) tantos   (D) tales como

8. Buscamos un agente que . . . buena presencia y una gran capacidad negociadora.

    (A) tendrá   (C) tenga

    (B) tiene   (D) tener

9. ¿A quiénes . . . manda Ud. la cuenta?

    (A) le   (C) los

    (B) la   (D) les

10. Este trabajo no es . . . difícil como el suyo.

    (A) tanto   (C) tan

    (B) más   (D) lo

El arte de leer: Vocabulario y Gramática

Sección I

El viceministro de Seguridad es hombre y también el director general del gabinete del ministro del Interior. Pero ninguno de ellos fue ayer el centro de atención de los periodistas asistentes __(1)__ del cargo de los 39 nuevos comisarios del Cuerpo Nacional de Policía. La estrella del acto __(2)__ una mujer casi anónima hasta ahora: María del Pilar Allué Blasco, de 37 años, la primera que __(3)__ la graduación de comisario. ¿O habrá que __(4)__ comisaria?

María del Pilar, soltera, valenciana, hija de un policía local, no sólo __(5)__ a los políticos, __(6)__ también a los otros compañeros que se cosieron en __(7)__ la insignia con los tres ramos de laurel que __(8)__ acredita como comisarios. Y __(9)__ que entre los nuevos mandos había algún espía, algún agente antinarcóticos __(10)__ incluso, Ramón Lillo Lozano de Sosa, ex-jefe de la unidad policial de la audiencia Nacional. Lillo, conocido en el mundillo cinematográfico por su nombre artístico de Ray Nolan (hizo de extra en alguna película), irá como segundo jefe de la plantilla de Burgos.

La nueva comisaria __(11)__ en el cuerpo el 1 de diciembre de 1982 y en 1991 ascendió a inspectora jefe, formando parte del Servicio de Atención a la Mujer en la Brigada Judicial de Valencia, __(12)__ principal misión es la asistencia a violadas y maltratadas. Ahora, con sus relucientes galones, __(13)__ surcar el Mediterráneo y ocupar un nuevo destino en Mallorca.

1. (A) al juicio
(B) a la jura
(C) al junco
(D) al júbilo

2. (A) hubiera sido
(B) fuera
(C) fue
(D) es

3. (A) jubila
(B) alcanza
(C) recolecta
(D) platica

4. (A) le llamara
(B) le llame
(C) llamarle
(D) le llame

5. (A) eclipsó
(B) eclipsaba
(C) habrá eclipsado
(D) eclipsaba

6. (A) sino que
(B) pero
(C) sino
(D) ni

7. (A) las hombreras
(B) las orillas
(C) las holganzas
(D) los homenajes

8. (A) los
(B) la
(C) les
(D) lo

9. (A) ésa
(B) eso
(C) éstos
(D) ésta

10. (A) y
(B) e
(C) ni
(D) o

11. (A) ingresó
(B) consintió
(C) convino
(D) quedó

12. (A) cuyo
(B) cuya
(C) cuyas
(D) cuyos

13. (A) debió
(B) debía
(C) deberá
(D) debiendo

Sección II

Puede que se necesite más que una cucharada de miel para ayudarnos a __(1)__ la clase de medicina que la Dra. Leila Denmark practica. "Cuando una madre pregunta: '¿Doctora, por qué mi hijo es tan malo'," reporta ella. "Yo __(2)__ contesto, 'Mírate en __(3)__. Sólo los manzanos dan manzanas'."

Después de más de setenta años en la profesión la pediatra Denmark, __(4)__ cumplió cien años en febrero, __(5)__ en la persona de más edad dentro del campo médico del país, puede darse el lujo de ofrecer sus francos consejos en grandes dosis. Ese enfoque en el regreso a los principios fundamentales es __(6)__ mantiene __(7)__ la sala de espera de su oficina en Alpliaretta, Georgia. "Ella __(8)__ por tanto tiempo," dice Denise Jacob, la madre de dos pequeños pacientes, "que con sólo __(9)__ a un niño te puede decir qué anda mal."

De hecho, Denmark, quien se graduó del Colegio Médico de Georgia en 1928 y ayudó a desarrollar __(10)__ contra la tos ferina en los años treinta, ya __(11)__ medicina holística mucho antes del resurgimiento de esta modalidad. "Siempre se concentraba en la familia y la relación que guardaba con __(12)__ del niño," dice un viejo amigo.

Dice Denmark, "Cuando ya no __(13)__ ver o pensar con claridad, me jubilaré. Y cuando me llegue la hora de partir, espero que sea aquí mismo en esta oficina."

1. (A) nidificar
   (B) tragar
   (C) cubrir
   (D) sanear

2. (A) la
   (B) te
   (C) le
   (D) me

3. (A) la negrura
   (B) el sarro
   (C) el espejo
   (D) la sandez

4. (A) que
   (B) cual
   (C) quien
   (D) donde

5. (A) convertirse
   (B) conviértese
   (C) convirtiéndose
   (D) se convierten

6. (A) la cual
   (B) que
   (C) quien
   (D) lo que

7. (A) llena
   (B) satinada
   (C) gallarda
   (D) rastrera

8. (A) había practicado
   (B) hubiera practicado
   (C) ha practicado
   (D) haya practicado

9. (A) mirando
   (B) mirado
   (C) mira
   (D) mirar

10. (A) una raspadura
    (B) una vacuna
    (C) un desvelo
    (D) un cabezazo

11. (A) ha practicado
    (B) practicará
    (C) practique
    (D) practicaba

12. (A) la falta
    (B) la iluminación
    (C) el esfuerzo
    (D) el bienestar

13. (A) pueda
    (B) podrá
    (C) puede
    (D) pudo

El arte de leer: Gramática incorrecta

1. <u>Este</u> carpintero siempre <u>ha estado</u> muy optimista aunque nunca <u>tiene</u> éxito cuando
     a   b   c
<u>construye</u> un bote.
    d

2. Los Villagra se <u>habían divorciados</u> cuando <u>aquel</u> abogado <u>llegó</u> a <u>su</u> pueblo.
                     a   b   c   d

3. Paco, <u>hablas</u> como si <u>eras</u> <u>especialista</u>. <u>Déjalo</u> por favor.
        a   b   c   d

4. La próxima semana <u>trabajé</u> tiempo parcial <u>para</u> la fábrica <u>donde</u> en este momento los
                     a   b   c
empleados están <u>en</u> huelga.
        d

5. Soy <u>una</u> <u>estudiante trabajadora</u> y comparto mi habitación con tres estudiantes <u>que</u> tocan
       a   b   c
discos todo <u>del</u> día.
         d

6. Es importante que <u>completes</u> una ficha con datos <u>personales</u> antes de <u>entrevistarte</u> <u>al</u>
                  a   b   c   d
jefe.

7. Les aviso que la empresa no <u>sea</u> <u>responsable</u> <u>de</u> los daños corporales <u>ni</u> de los objetos
                      a   b   c   d
perdidos.

8. <u>El único</u> problema es <u>que</u> la guía es <u>demasiado</u> seria y no <u>les</u> gustan los jóvenes chistosos.
    a   b   c   d

9. El orgullo <u>que</u> los jardineros <u>sienten</u> <u>para</u> la ciudad se <u>refleja</u> en los parques y en las plazas.
            a   b   c   d

10. La mayoría de los financieros <u>es</u> <u>conservadores</u>; y de <u>ésos</u>, unos <u>cuantos</u> son ultra
                             a   b   c   d
conservadores.

El arte de leer: Lectura

Lectura I

Una visita al taller de Yacopi comienza con un corto recorrido en auto desde el centro de Buenos Aires hacia el norte, bordeando la costa del río de la Plata, a través de barrios acomodados, como Palermo, Núñez, Olivos y San Isidro, hasta llegar al suburbio de San Fernando. La casa cómoda pero no ostentosa del maestro no se distingue por cartel alguno
5 y, en realidad, no ofrece el más ligero indicio de los tesoros que encierra. Inclusive al recorrer el largo pasillo que lleva hasta el fondo de la propiedad, se perciben escasas pistas: troncos cortados horizontalmente y tendidos a secar, el aroma de cedro recién cortado que flota en el aire, el distante gemido del equipo de energía que brota de lo que finalmente se revela como el taller.

10 Yacopi recibe a los visitantes en la puerta con los ojos chispeando en una sonrisa y su voz rebosa jovialidad cuando exclama: "¡Aquí hacemos instrumentos musicales, no muebles!". La advertencia se justifica porque el lugar parece una fábrica de armarios y solamente a lo largo de un recorrido de las instalaciones va descubriéndose gradualmente la identidad del producto que de allí sale.

15 Mucho de lo que en el futuro serán guitarras es un mero despliegue de partes, vale decir cuellos, mástiles con trastes, tapas de caja y otros elementos que componen el cuerpo del instrumento, en distintas etapas de formación y terminación. Otros instrumentos en ciernes van cobrando forma en matrices y pronto serán encolados y envueltos en bandas de goma cortadas de cámaras usadas, para mantener las partes en su lugar mientras el
20 adhesivo se asienta.

Los instrumentos casi terminados no están a la vista, sino que reposan en una cámara especial de secado en cuyo interior se mantiene una temperatura constante que combate la humedad excesiva, típica de las riberas del río de la Plata. Una vez que los instrumentos han sido cuidadosamente pulidos y terminados con lustre a muñeca (consistente en la
25 aplicación manual de una mezcla de laca y alcohol con un paño) son probados rigurosamente, desde los registros bajos a los agudos, y luego guardados en sus respectivos estuches de cuero, listos para ser despachados. Las guitarras no languidecen mucho tiempo en el taller, porque el maestro tiene una larga lista de clientes que aguardan ansiosamente su limitada producción.

1. ¿Dónde está situado el taller de Yacopi?
   (A) En las riberas del río de la Plata.
   (B) En Buenos Aires.
   (C) Lejos de la capital argentina.
   (D) En un barrio acomodado.

2. Al llegar, ¿cuáles son los primeros indicios de que se visita un taller?
   (A) Un rótulo que anuncia el motivo de la fábrica.
   (B) Las exclamaciones de Yacopi al llegar el visitante.
   (C) Los troncos y el olor a madera.
   (D) Los suburbios acomodados donde está situado.

3. Al entrar en el taller, ¿cómo se
   encuentran las guitarras?
   (A) En todas partes listas para vender.
   (B) En varias etapas de fabricación.
   (C) De toda clase y de toda calidad.
   (D) De mal estado listas para ser
       reparadas.

4. ¿Qué tipo de taller tiene Yacopi?
   (A) Es un taller de muebles muy finos y
       caros.
   (B) Es una fábrica de guitarras de
       concierto.
   (C) Es una tienda de varios tipos de
       instrumentos musicales.
   (D) Es un lugar donde se producen piezas
       para vender.

5. ¿Por qué es necesario guardar los
   instrumentos casi terminados en una
   cámara de secado?
   (A) Por la humedad natural del cedro
       usado en la guitarra.
   (B) Para preservar mejor la condición
       frágil de la guitarra.
   (C) Para impresionar a los clientes.
   (D) Por la excesiva humedad de esta área
       de la Argentina.

6. ¿Cual es el último paso en la producción
   de una guitarra?
   (A) La pulen para atraer a los clientes.
   (B) Se seca en un cuarto especial.
   (C) Es tocada con mucho cuidado por la
       calidad del sonido.
   (D) Recibe una última aplicación de laca.

Lectura II

"Ser positiva y vitalista me permitió afrontar el paro," dijo Inés María Valle, una ejecutiva
que pasó por las colas del Instituto Nacional de Empleo (INE).

Un día te das de bruces con él. Sin comerlo ni beberlo, casi a traición. Como a otras mujeres
de su generación y en pleno proceso de cambio económico y social, a Inés María Valle le
5 llegó también ese período de descanso obligatorio del que a veces ya no se vuelve a levantar
cabeza. Fue hace unos años y en plena crisis económica. Más duro aún.

Entrevistadora: ¿Cómo te quedaste en paro?

Inés María Valle: Me gustaría aclarar que se tiende a llamar erróneamente paro a un
período que, por el contrario, implica una intensa actividad, ya que encontrar empleo es
10 un trabajo en sí mismo. Por eso, prefiero llamarlo desempleo. Y la causa fue que la matriz
de la empresa multinacional en la que trabajaba entonces como directora de Recursos
Humanos decidió liquidar la actividad de su filial en España.

Entrevistadora: ¿Cuál fue tu primera reacción?

Inés María Valle: Esa situación fue para todos mis compañeros y para mí misma
15 doblemente frustrante, porque no sólo nos quedábamos sin trabajo, sino que además el
proyecto que nuestro equipo, muy integrado y motivado, había iniciado pocos años antes
con mucha ilusión quedaba malogrado.

Sin embargo, la empresa nos ofreció indemnizaciones y otras medidas sociales con las que
paliar los efectos negativos de la situación, lo que, sin duda, fue de gran ayuda. La
20 ansiedad que generan dichas situaciones fue mitigada no sólo por las indemnizaciones
recibidas, sino también por la ayuda que nos prestó una firma de recolocación que contrató
la empresa. Esas compañías están especializadas en orientar y apoyar a las personas en
la búsqueda de un nuevo trabajo.

Entrevistadora: Entonces, después vino la calma.

25 **Inés María Valle:** Es indudable que los efectos del desempleo no son iguales para todo el mundo, ya que la personalidad de cada uno y sus circunstancias sociales, familiares y económicas tienen una influencia decisiva en cómo soportar esta situación y en cómo salir de ella. Para mí resultó una experiencia enriquecedora, pues, por un lado, me permitió frenar la inercia que el trabajo te va imponiendo día a día, y reflexionar sobre tus
30 limitaciones y fortalezas, y sobre otros muchos aspectos profesionales.

Entrevistadora: Según tu experiencia, ¿qué hay que hacer para no perder los nervios?

Inés María Valle: En primer lugar, creo que una actitud positiva y vitalista y un pensamiento constructivo son los elementos clave para superar cualquier posible
35 contratiempo. En segundo lugar, asumir cuanto antes y sin ningún complejo la situación. Informé en seguida a mis familiares y allegados del asunto y de los planes con los que iba a afrontar la nueva situación.

Entrevistadora: ¿Cuáles fueron tus planes inmediatos?

Inés María Valle: Primero, traté por todos los medios de rentabilizar al máximo ese
40 período de mi vida, de forma que invertí en mi propia formación, potenciando algunos puntos de mi curriculum, como los idiomas. Después, reanudé la relación con viejos conocidos y amigos, generando así una red de contactos sociales y profesionales que siempre resultan valiosos en la situación de búsqueda de empleo. Y durante los meses en los que me dediqué a buscar empleo aproveché también para reforzar la relación con mi
45 hijo, que entonces tenía ocho años, y los dos disfrutamos de cosas sencillas y cotidianas que, por coincidir con la jornada laboral, no se pueden compartir normalmente con los pequeños.

Sea cual sea el motivo por el que se pierde un trabajo o se tarda en encontrarlo, la persona que se sabe eficaz y preparada debe mantener esa imagen de sí misma en esas
50 circunstancias, y trazarse un plan de acción bien estructurado que le conduzca a la búsqueda ordenada de un nuevo trabajo. Lo que quiero decir es que encontrar trabajo es un trabajo en sí mismo.

1. ¿Cómo describe el paro?
   (A) Un período cuando se relaja mucho.
   (B) Una etapa de mucha actividad.
   (C) Una fase para desarrollar las amistades.
   (D) Una temporada de ocultar la verdad.

2. ¿Cómo perdió Inés María Valle su empleo?
   (A) Sus jefes decidieron cerrar su sucursal.
   (B) Ella no llevó bien las cuentas.
   (C) Ella le estafó dinero al jefe.
   (D) Los jefes pusieron a otra persona a cargo de la afilial.

3. ¿Qué no hizo esta ejecutiva?
   (A) Tiró la toalla.
   (B) Se aprovechó de la oportunidad.
   (C) Estudió otras lenguas.
   (D) Evitó lo negativo.

4. ¿Por qué no se preocupó mucho ella?
   (A) Era una mujer muy rica y no necesitaba trabajar.
   (B) Acudió a las entidades que ofrecían servicios para los desempleados.
   (C) Sólo tuvo que mudarse a otra sucursal y volver a trabajar.
   (D) Lo consideró una ruptura molestosa pero temporaria.

5. Para sobrevivir este período penoso es necesario . . .
(A) quedarse inquieto.
(B) ocultarles la verdad a la familia.
(C) enfrentarse a la dificultades.
(D) calmar el entusiasmo.

6. Según este artículo el paro . . .
(A) es peor para la mujer que para el hombre.
(B) no tiene nada que ver con los ingresos de la familia.
(C) afecta a todas las personas igualmente.
(D) es distinto del desempleo.

El arte de escribir: Vocabulario

Instrucciones: Lee el pasaje siguiente. Luego escribe en la línea a continuación de cada número la forma de la palabra entre paréntesis que se necesita para completar el pasaje de manera lógica y correcta. Para recibir crédito, tienes que escribir y acentuar la palabra correctamente. Sólo debes escribir UNA palabra en cada línea. Es posible que la palabra sugerida no requiera cambio alguno. Escribe la palabra en la línea aun cuando no sea necesario ningún cambio.

Sección I

A principios de siglo el trabajo en el campo era difícil, pero lo era todavía más si los trabajadores ___(1)___ inmigrantes que ___(2)___ a los EE. UU. sin papeles, sin conocer ___(3)___ derechos y con la urgencia de ___(4)___ dinero para enviárselo a sus familias. Todo ello favorecía que ___(5)___ lugares como El Pirul, un campamento en la costa Oeste. Ayer como nos lo ___(6)___ Francisco García, no ___(7)___ agua potable, ni alcantarillas, ni calefacción. Pero hoy en día los trabajadores, la mayoría hispanos, ___(8)___ la esperanza del progreso mientras ___(9)___ por ___(10)___ a sus familias allí.

1. _____ (ser)

2. _____ (llegar)

3. _____ (su)

4. _____ (ganar)

5. _____ (surgir)

6. _____ (describir)

7. _____ (haber)

8. _____ (mantener)

9. _____ (luchar)

10. _____ (traer)

Sección II

Durante los doce años que vivió en El Pirul nadie __(1)__ a Pedro Arredondo sobre las leyes de salubridad de los Estados Unidos ni sobre los códigos de vivienda. Por eso él y las treinta familias del campamento se __(2)__ cuando casi __(3)__ docena de empleados del condado de Santa Clara, California, __(4)__ un día de agosto y les __(5)__ que se __(6)__ que mudar. En dos semanas ellos __(7)__ el campamento El Pirul, que se __(8)__ así por un árbol de pimienta __(9)__ en el centro.

1. _____ (instruir)

2. _____ (sorprender)

3. _____ (un)

4. _____ (aparecer)

5. _____ (decir)

6. _____ (tener)

7. _____ (desmantelar)

8. _____ (llamar)

9. _____ (sembrado)

Sección III

Tres años atrás, Vicky Rivas-Vázquez supo, durante un viaje a la capital con su escuela __(1)__, que __(2)__ vivir en Washington. De regreso a Miami, donde __(3)__, no __(4)__ de repetir que __(5)__ experiencia __(6)__ una diferencia en su vida. Así __(7)__. La joven __(8)__ de 29 años __(9)__ hoy en Washington donde trabaja en la Casa Blanca como secretaria de prensa asistente del presidente Bill Clinton. Es la encargada de que las opiniones del presidente se __(10)__ por radio y televisión por el mundo. Antes __(11)__ productora en Univisión. "Allí me preparé para __(12)__ con éxito __(13)__ tareas", afirma.

1. _____ (superior)

2. _____ (querer)

3. _____ (residir)

4. _____ (cesar)

5. _____ (ese)

6. _____ (causar)

7. _____ (ser)

8. _____ (cubano)

9. _____ (vivir)

10. _____ (transmitir)

11. _____ (ser)

12. _____ (realizar)

13. _____ (mi)

El arte de escribir: Verbos

Sección I

1. __(1)__ Ud. su fecha de nacimiento aquí y firme su nombre abajo.

1. _____ (Escribir)

2. Ayer fue su primer día de trabajo y los hermanos __(2)__ mucho.

2. _____ (divertirse)

3. Anoche no pude comprenderte. ¿Qué __(3)__ explicarme?

3. _____ (querer)

4. Voy a comprarlo cuando ellos __(4)__ el precio.

4. _____ (rebajar

5. Tienes que __(5)__ temprano si quieres llegar a tu primer día de trabajo a tiempo.

5. _____ (despertarse)

6. Busco empleo que me __(6)__ la oportunidad de ganar un buen sueldo.

6. _____ (dar)

7. Después de haber __(7)__ la mesa, la camarera nos trajo la carta.

7. _____ (poner)

8. La recepcionista dijo que la especialista me __(8)__ la semana pasada.

8. _____ (llamar)

9. El obrero cree que __(9)__ más dinero de hoy en adelante.

9. _____ (merecer)

10. Me gustaría que nuestro patrón nos __(10)__ un ascenso de sueldo.

10. _____ (prometer)

Sección II

1. Rafa, __(1)__ la solicitud ahora mismo cuando tengas tiempo.

2. El año pasado mis tíos __(2)__ su dinero en Fondos Matutinos.

3. Cuando murió mi madre, nosotros __(3)__ en venta su casa.

4. Miguel, tú no __(4)__ éxito a menos que decidas encontrar un puesto.

5. Necesito comprar otro coche. Ojalá esta agencia me __(5)__ un descuento de por lo menos un 20%.

6. Mi abogado me dijo que sería importante que yo __(6)__ una evaluación de la propiedad antes de hacer una oferta.

7. Marta y yo realizaríamos una ganancia si nosotras __(7)__ más a llevar cuentas todos los días.

8. Mi hermano habla de la bolsa como si __(8)__ accionista de mucha experiencia.

9. Los administradores insistían que los contables le __(9)__ los libros de contabilidad.

10. Los empleados todavía no __(10)__ los talonarios cuando los jefes se los pidieron.

1. _____ (hacer)

2. _____ (invertir)

3. _____ (poner)

4. _____ (tener)

5. _____ (dar)

6. _____ (hacer)

7. _____ (dedicarse)

8. _____ (ser)

9. _____ (traer)

10. _____ (revisar)

El arte de escribir: Ensayos

Instrucciones: Escribe EN ESPAÑOL un ensayo claramente organizado y expuesto sobre el siguiente tema. Se calificará el ensayo teniendo en cuenta la organización, la precisión y riqueza del vocabulario, y la exactitud gramatical. El ensayo debe tener una <u>extensión mínima de 200 palabras</u>. Antes de empezar a escribir, debes pasar cinco minutos organizando tus ideas en las hojas azules.

Ensayo I: La responsabilidad de cuidar a los niños

Uno de los trabajos más fáciles de conseguir para un/a joven es el de niñero/a. Aunque muchas veces el motivo es el de ganar dinero este trabajo requiere mucha responsabilidad. Escribe sobre esta responsabilidad y los posibles peligros a los que se enfrenta un niñero o una niñera.

Ensayo II: Una recomendación

Ya que terminas tus estudios secundarios es posible pedir la matrícula a una universidad. Escribe una recomendación sobre ti desde el punto de vista de algún amigo de la familia. Incluye comentarios sobre tu capacidad intelectual, tu motivación, tus intereses, tus fortalezas, tus limitaciones, etc.

El arte de hablar: Serie de dibujos

Directions: You will now be asked to speak in Spanish about these pictures. Note that there are six pictures on the two pages. First you will hear some instructions in Spanish. After these instructions, you will have two minutes to think about the pictures and two minutes to tell the story suggested by the pictures. Although you may spend more time describing what happens in some pictures than in others, you should try to talk about all of the pictures as you tell the story. No tone will sound between pictures. Move directly from one picture to the next. In describing the pictures and the story they tell, you should use as much of the response time as possible. You will be scored not only for the appropriateness and grammatical correctness of your response, but also for your range of vocabulary, pronunciation, and overall fluency. If you hear yourself make an error as you are speaking, you should correct the error. Do not start your tape recorder until you are told to do so.

Instrucciones: Los dibujos que tú ves representan un cuento. Utilizando los dibujos, interpreta y reconstruye esta historia. Tu nota se basará no sólo en tu precisión gramatical sino también en la amplitud de tu vocabulario, tu claridad y tu fluidez.

Ahora empieza a pensar en los dibujos.

Como poco coco como, poco coco compro.

1

2

3

4

5

6

1

2

3

4

5

6

Directions: Now you will be asked to respond to a series of questions. Listen carefully to each question, since your score will be based on your comprehension of the questions, as well as the appropriateness, grammatical accuracy, and pronunciation of your response. You should answer each question as extensively and as fully as possible. If you hear yourself make an error, you should correct the error. If you are still responding when you hear the speaker say, "Now we will go on to the next question," stop speaking and listen. Do not be concerned if your response is incomplete.

Each question will be spoken twice. The questions are not printed in your booklet. In each case, you will have 20 seconds to respond. For each question, wait until you hear the tone signal before you speak. The questions are about work.

First you will hear a practice question that will not be scored. Do not record your answer. Here is the practice question.

NOW YOU WILL HEAR THE SECOND SERIES OF QUESTIONS

Directions: Now you will be asked to respond to a series of questions. Listen carefully to each question, since your score will be based on your comprehension of the questions, as well as the appropriateness, grammatical accuracy, and pronunciation of your response. You should answer each question as extensively and as fully as possible. If you hear yourself make an error, you should correct the error. If you are still responding when you hear the speaker say, "Now we will go on to the next question," stop speaking and listen. Do not be concerned if your response is incomplete.

Each question will be spoken twice. The questions are not printed in your booklet. In each case, you will have 20 seconds to respond. For each question, wait until you hear the tone signal before you speak. The questions are about professional careers.

First you will hear a practice question that will not be scored. Do not record your answer. Here is the practice question.

Un hombre va a entrevistarse para trabajar en un circo. Habla con el director y le pregunta, "Bueno, pero Ud., ¿qué es lo que hace exactamente?" "Pues, yo imito a los pájaros." "...Mm... No, no,... esto no me interesa..." Entonces, el hombre levantó vuelo y se fue...

CAPÍTULO IX

LAS RELACIONES PERSONALES

¡¡¡¡¡¡¡¡¡¡¡¡ M O D I S M O S !!!!!!!!!!!!!

Aunque de niña Melibea *se parecía mucho a* Melisa, ahora *me parece* que las dos no *se parecen* mucho. Desgraciadamente *se perecieron* el año pasado en un terremoto.

La semana pasada mi cuñada *dio a luz a* una linda nena y soy su tío. Cuando mi esposa *parió a* un lindo nene, mi cuñada se hizo tía. Los dos *partos* resultaron muy bien para madre e hijos.

Como *tienes la culpa del* deterioro de nuestra relación, siempre te voy a *echar la culpa*. Nunca voy a *pagar las culpas* tuyas.

?

JUEGOS DE PALABRAS

Cuando *el esposo* abusa de *la esposa* la policía le pone *esposas*.

Toda la familia es *familiar* con otros *familiares*.

Prefiero *un abrazo* en lugar de pelear *brazo* a brazo.

El romántico capitán murió en un *duelo* y su joven esposa pasó dos años *de duelo* antes de salir de su casa.

PARIENTES

los abuelos
los bisabuelos
los tatarabuelos
los hermanos
los hijos
la madrastra
la madre
el matrimonio
los novios
la nuera
el padrastro
el padre
los primos
los suegros
el yerno

MUESTRAS DE AMOR

abrazar
tomarle afecto
amar
declararle el amor
amoroso/a
besar
beso

darle cariño
ser cariñoso/a con
casarse con
tener compasión por
enamorarse de
llevar una alianza

MUESTRAS DE RESPETO

admirar
alabanza
alabar
apreciar
declararle homenaje (m)

LA AMISTAD

aceptar
aconsejar
ayudar
colaborar

compartir
comprender
gozar de la intimidad (f)
perdonar

ponerse de acuerdo
ser cordial con
tener amigos entrañables

LAS CELEBRACIONES
aniversario
cóctel (m)
cumpleaños (m)
día de santo (m)

PALABRAS ÚTILES
arraigarse
arreciar
arrepentirse de
atreverse a
conllevar
malvado/a
propio/a

EL ESTADO DE ÁNIMO
cansarse
confundirse
estar interesado/a
estar mareado/a
estar molesto/a
melancólico/a
resistir la modorra
tener estrés

COMPASIVO/A
fiel
flexible
humilde
piadoso/a
sensible
tolerante

SEGURO/A
competente
decisivo/a
independiente
motivado/a
valiente

INTROVERTIDO/A
apacible
conforme
dependiente
desordenado/a
intenso/a
serio/a

PERSONALIDADES

MIMADO/A
engañoso/a
feroz
frívolo/a
manipulador/a
perezoso/a
quejico/a
terco/a
vanidoso/a

MISÁNTROPO/A
chismoso/a
desagradable
descreído/a
insoportable
rígido/a
severo/a

ENTRE ENEMIGOS
conflictos
desacuerdos
disgustos
disputas
dominar
engaño
insultos
luchas
menospreciar
peleas
rivalidad (f)

PALABRAS FAMILIARES

la calma	calmarse	estar calmado/a
la confusión	confundirse	estar confundido/a
el contentamiento	contentarse	estar contento/a
la depresión	deprimirse	estar deprimido/a
la desesperación	desesperarse	estar desesperado/a
el disgusto	disgustarse	estar disgustado/a
el enojo	enojarse	estar enojado/a
la preocupación	preocuparse	estar preocupado/a
la tranquilidad	tranquilizarse	estar tranquilo/a
la tristeza	entristecerse	estar triste
la vergüenza	avergonzarse	estar avergonzado/a

Y MÁS

adulto
aislado
aliviarse
ascendencia
carácter (m)
cenceño/a
cómodo/a
comportamiento
comunicarse
comunidad (f)
conformidad (f)
consejos
coraje (m)
cortesía

cuatrillizos/as
divorciarse
divorcio
dominar
echar de menos
emoción (f)
emocional
emocionante
endemoniado/a
estereotipar
gemelo/a
gen (m)
generación (f)
halago

herencia
honor (m)
humano
insoportable
manipular
marginar
matrimonial
melancolía
mellizos/as
mueca
obituario
pareja
partera
paternidad (f)

persistencia
piedad (f)
pragmático/a
precoz
raíces (f)
religioso/a
sentido del humor
separarse
tener celos (m)
tener miedo
valentía
valor (m)

El arte de escuchar: Diálogos cortos

Instrucciones: Ahora vas a escuchar una serie de diálogos. Después de cada diálogo se te harán varias preguntas sobre lo que acabas de escuchar. Para cada pregunta elige la mejor respuesta de las cuatro opciones escritas en tu libreta de examen y rellena el óvalo correspondiente en la hoja de respuestas.

NOW GET READY FOR THE DIALOGUE

1. (A) Al cine con unos amigos.
   (B) A un cóctel en un restaurante.
   (C) De vacaciones por una semana.
   (D) A casa de unos amigos.

2. (A) La hija de los Fúster.
   (B) Una amiga de la Sra. Fúster.
   (C) La niñera de los niños.
   (D) La criada de la familia Fúster.

3. (A) Acostar a los niños.
   (B) Contestar el teléfono.
   (C) Cerrar la puerta.
   (D) Dar de comer a los niños.

4. (A) El novio de Carmen.
   (B) Ramón.
   (C) Un compañero de los hijos de los Fúster.
   (D) Un amigo.

5. (A) Su vida social.
   (B) El bienestar de los niños.
   (C) Unas protestas políticas.
   (D) Su propia familia.

El arte de escuchar: Narraciones breves

1. (A) Una carta agradeciéndole su ayuda.
   (B) Una carta rogando su ayuda.
   (C) Una carta escrita por una hermana disgustada.
   (D) Una carta escrita por una madre asustada.

2. (A) Porque son una manera de aliviarse del estrés.
   (B) Porque son básicos en la madurez del niño.
   (C) Porque son una manifestación de la ley del más fuerte.
   (D) Porque son un modo de expresar la superioridad del niño mayor.

3. (A) Mientras el mayor trata de resolver problemas de separarse de sus padres.
   (B) Cuando los hijos entran en la preadolescencia.
   (C) Cuando los padres indican una preferencia por uno de los niños.
   (D) Mientras los padres intentan resolver sus problemas matrimoniales.

4. (A) Hablan la misma lengua.
   (B) Exigen la estricta obediencia entre los hijos.
   (C) Esperan una alianza estrecha entre los miembros de la familia.
   (D) Pueden marginar fácilmente a la "oveja negra" de la familia.

5. (A) Pedir ayuda a los abuelos que viven con la familia.
   (B) Decirle al hijo mayor que no es necesario ser perfecto.
   (C) Separarlos y hacerles contar hasta diez lentamente.
   (D) Darles a los niños obligaciones según su edad y personalidad.

Instrucciones: Ahora escucharás una selección de unos cinco minutos de duración. Se te recomienda tomar apuntes en el espacio en blanco de esta hoja. Estos apuntes no serán calificados. Al final de la selección leerás una serie de preguntas sobre lo que acabas de escuchar. Basándote en la información de la selección, elige la MEJOR respuesta a cada pregunta de las cuatro opciones impresas en tu libreta de examen y rellena el óvalo correspondiente en la hoja de respuestas.

NOW GET READY FOR THE SELECTION

Instrucciones: Ha terminado esta selección. No se leerán las preguntas en voz alta, pues las tienes impresas en tu libreta de examen. Ahora pasa a la sección de **El arte de escuchar: Selecciones extendidas** para Capítulo IX y empieza a trabajar. Te quedan cuatro minutos para elegir las respuestas correctas.

1. ¿Cómo entendía el hombre antiguo la relación entre gemelos?
   (A) Creía que uno era el complemento del otro.
   (B) Creía que eran completamente idénticos.
   (C) Creía que era inevitable que uno matara al otro.
   (D) Creía que siempre estarían juntos.

2. ¿Cuál es la diferencia entre mellizos y gemelos?
   (A) No hay.
   (B) Los gemelos vienen de semillas idénticas.
   (C) Los mellizos nacen de semillas distintas.
   (D) Los gemelos tienen padres menudos.

3. ¿Por qué se han investigado a gemelos?
   (A) Para ver si los hermanos idénticos tienen los mismos intereses.
   (B) Para comprobar la tesis que gemelos idénticos son diferentes.
   (C) Para mejor entender la relación entre las influencias de ambiente y herencia.
   (D) Para mejorar las relaciones entre los miembros de cualquier pareja.

4. ¿Cuáles son los dos factores más importantes en el desarrollo de la relación entre gemelos?
   (A) El amor y la intimidad.
   (B) Los intereses y las oportunidades.
   (C) El reconocimiento y el respeto.
   (D) Los padres y la competencia.

5. ¿Por qué evitan los gemelos disgustos y conflictos?
   (A) Porque quieren desarrollar su propia identidad.
   (B) Porque aman a sus padres.
   (C) Porque uno quiere dominar al otro.
   (D) Porque desean mantener una relación entrañable e íntima.

6. Martín y Enrique son . . .
   (A) primos.
   (B) niños.
   (C) mellizos.
   (D) gemelos.

7. ¿Cómo es Martín diferente de Enrique?
   (A) Es más terco.
   (B) Es más trabajador.
   (C) Es más emocionante.
   (D) Es más introvertido.

8. Cuando Martín y Enrique están entre sus amigos, ¿cómo se comportan?
   (A) Como cualquier pareja de mejores amigos.
   (B) Como si fueran la misma persona.
   (C) De modos extrovertidos pero distintos.
   (D) Como si estuvieran en casa a solas.

Practicando el Vocabulario

Sección I

1. El hermano mayor es generalmente muy competente en . . . de sus hermanitos.

    (A) el cuidado   (C) la quejica

    (B) la fantasía   (D) el algodoncito

2. La familia tradicional tampoco ha podido escapar de . . . de la vida moderna.

    (A) las tazas   (C) las presiones

    (B) los canales   (D) los corazones

3. La dieta para . . . debe incluir proteínas, calcio y hierro.

    (A) el ayuno   (C) la costilla

    (B) la embarazada   (D) el halago

4. A Verónica le gusta comer mucho, . . . cuando está muy deprimida.

    (A) al fin y al cabo   (C) basta

    (B) a propósito   (D) sobre todo

5. La recepcionista está . . . el número del restaurante para el turista.

    (A) colgando   (C) marcando

    (B) abrazando   (D) subiendo

6. Es muy importante . . . los biberones.

    (A) esterilizar   (C) alimentar

    (B) aplicar   (D) desaparecer

7. Se porta muy mal ese niño; es muy . . .

    (A) serio.   (C) insoportable.

    (B) fiel.   (D) humilde.

8. Para averiguar qué pasó esta noche, voy a . . . con mi mejor amiga.

    (A) conversar   (C) sentir

    (B) manifestar   (D) resolver

9. Cuando Paca cuida a Paula y a Rita, . . . los números de teléfono de todos sus amigos. Después de acostarlas, los llama.

    (A) se olvida de   (C) visita

    (B) lleva   (D) lucha

10. Diles a los niños que se comporten bien. ¡Qué . . . son!

    (A) bajos   (C) listos

    (B) vulnerables   (D) descarados

Sección II

1. Una relación buena tiene una comunidad de intereses que sigue . . .

    (A) desarrollándose.   (C) quejándose.

    (B) imaginándose.   (D) embarcándose.

2. Quiere de todo; es una persona muy . . .

    (A) perezosa.   (C) mimada.

    (B) fiel.   (D) valiente.

3. Mira, Mario, este hombre y esta mujer se quieren mucho. Me parecen una . . . muy contenta.

    (A) pelea   (C) novedad

    (B) pareja   (D) mueca

4. Busco una novia que sea tranquila, cariñosa, y . . .

    (A) apacible.   (C) avergonzada.

    (B) terca.   (D) engañosa.

5. Para poder amar con madurez, es importante expresar las ideas y los sentimientos . . .

    (A) recientemente.   (C) secamente.

    (B) abiertamente.   (D) antipáticamente.

6. Hay muchos jóvenes que te presionan para que hagas cosas que no te . . .

    (A) consisten.   (C) apetecen.

    (B) arriesgan.   (D) tiran.

7. Mi novio lleva tres meses . . . y está enfadado que no le haya devuelto el dinero que le debo.

    (A) agradable   (C) desconocido

    (B) parado   (D) variado

8. Gracias por . . . Pensaba que ya había salido mi mamá.

    (A) arreglarme.   (C) avisarme.

    (B) causarme.   (D) preocuparme.

9. Soy tímido. Me . . . abrirme a la gente.

    (A) cuesta   (C) suele

    (B) calla   (D) aloja

10. Es importante que esa mujer ponga . . . sus ambiciones.

    (A) al alcance de   (C) a través de

    (B) a tope   (D) a carcajadas

Practicando la Gramática

Instrucciones: <u>Ya no se incluye esta parte en el examen de AP. Sin embargo, te la presentamos de práctica.</u> En esta parte, debes elegir la palabra o frase que completa la oración correctamente.

1. Si necesitas ayuda con los niños, Carmen, . . .

    (A) llámeme.   (C) no me llame.

    (B) llámame.   (D) me llama.

2. Son las seis y media y los niños se acuestan a las diez. . . . que acostarlos después de que salgamos.

    (A) Tuvo   (C) Tendrá

    (B) Ha tenido   (D) Tenía

3. Los padres están fuera de la casa . . . tres horas.

    (A) por   (C) para

    (B) de   (D) a

4. Tenía diez años cuando . . . mi hermanita.

    (A) nacía   (C) había nacido

    (B) nació   (D) naciese

5. La chica nunca se comportaba bien ni obedecía a . . .

    (A) algo.   (C) alguien.

    (B) nadie.   (D) ningún.

6. La niñera que ayudó a mi madre era una mujer que antes . . . a los niños de muchas familias del barrio.

    (A) ha cuidado   (C) cuidará

    (B) cuidara   (D) había cuidado

7. . . . echo la culpa a mis padres por haberme obligado a quedarme en casa.

    (A) La   (C) Les

    (B) Los   (D) Le

8. No dejo que mi hija . . . de casa después de las siete.

    (A) sale   (C) saldrá

    (B) salga   (D) saldría

9. No se vestía . . . descansaba.

    (A) para   (C) sino que

    (B) sino   (D) o

10. Si yo fuera usted, . . . a los padres.

    (A) llamara   (C) llamaré

    (B) llamaría   (D) llamo

El arte de leer: Vocabulario y Gramática

Sección I

Los ritos familiares, que adquieren especial relevancia en las fiestas navideñas, tienen un __(1)__ valor positivo para los niños, ya que __(2)__ una fuerte carga emotiva. Es durante estas fiestas cuando las costumbres familiares __(3)__ su máxima importancia. Desearse Feliz Navidad, hacerse regalos o cantar villancicos son usos que han __(4)__ en el tiempo convirtiéndose en auténticos ritos.

La vida está llena de ceremonias, algunas son __(5)__ y __(6)__ hacemos casi sin __(7)__ cuenta, como el beso de buenas noches, el saludo matutino, etc. Otras se manifiestan en ocasiones señaladas como la fiesta de cumpleaños o, en el plano religioso, como la primera comunión. Pero en todo caso los psicólogos coinciden __(8)__ los ritos familiares tienen grandes beneficios. Uno de __(9)__ es que unen a la familia, ya que despiertan el sentido de pertenencia a una familia determinada. Ayudan a crear un sentimiento de cohesión y solidaridad, incluso __(10)__ las disputas que __(11)__ ocurrir. Por lo general los familiares dispersos geográficamente tratan de reunirse una o dos veces al año para celebrar alguna fecha importante. Estas reuniones permiten __(12)__ que la familia aún existe.

Es importante __(13)__ que los ritos sean completamente rígidos. Con el paso del tiempo, conviene ser flexibles y __(14)__ según la nueva realidad. La persistencia de ritos __(15)__ rígidos puede crear grandes conflictos familiares. La boda de un hijo, un divorcio, una nueva pareja para un padre o una madre divorciados son cambios que pueden afectar tradiciones muy __(16)__ . Es preciso, entonces, __(17)__ tolerante y adaptarlos a la nueva estructura familiar.

1. (A) indudable
   (B) predilecto
   (C) avergonzado
   (D) aislado

2. (A) guían
   (B) conllevan
   (C) apuestan
   (D) destacan

3. (A) prevén
   (B) acogen
   (C) menosprecian
   (D) alcanzan

4. (A) perdurado
   (B) rezado
   (C) vuelto
   (D) planteado

5. (A) ajenas
   (B) corazonadas
   (C) cotidianas
   (D) altruistas

6. (A) los
   (B) la
   (C) les
   (D) las

7. (A) darles
   (B) darnos
   (C) darle
   (D) daros

8. (A) de quienes
   (B) dondequiera
   (C) lo que
   (D) en que

9. (A) ellos
   (B) suyos
   (C) cuyos
   (D) los

10. (A) a pesar de
    (B) a menos que
    (C) con tal que
    (D) así que

11. (A) poder
    (B) han podido
    (C) puedan
    (D) habían podido

12. (A) comprobar
    (B) vencer
    (C) engañar
    (D) exigir

13. (A) atreverse
    (B) arrepentirse
    (C) evitar
    (D) atravesar

14. (A) modificarle
    (B) modificarlos
    (C) modificarlo
    (D) modificarles

15. (A) mediante
    (B) cuyos
    (C) apenas
    (D) demasiado

16. (A) arraigadas
    (B) malvadas
    (C) despistadas
    (D) distorsionadas

17. (A) era
    (B) es
    (C) ser
    (D) siendo

Sección II

La madre de Michael Jordan, Súper Estrella de básquetbol, ha escrito un libro llamado Family First. En __(1)__ la Sra. Jordan __(2)__ muchas ideas útiles para los padres. Ella dice que sus siete "principios para los padres" forman la base de una unión fuerte y amorosa entre los padres __(3)__ hijos. Éstos son los dichos principios:

1. Esté presente. No hay nada que __(4)__ el tiempo que los padres pasan con sus hijos. Forme parte de las actividades escolares y __(5)__ que están afuera del ámbito del colegio.

2. Acepte los cambios. __(6)__ flexible. Su papel como padre necesita cambiarse mientras crecen sus hijos. Aprenda a __(7)__ la dirección que necesitan.

3. __(8)__. Escuche a sus hijos. Escuche por sugerencias de __(9)__ está pasando en su vida. Busque indicios de las cosas que quizás no __(10)__ decir en voz alta. __(11)__ a sus hijos que los ama y __(12)__ con abrazos, besos, y sacrificios.

4. Déles a sus hijos regalos duraderos de carácter. Enseñe a sus hijos que se cuiden por sí __(13)__ y a los demás. __(14)__ paciencia y coraje. Y recuerde, la mejor manera de educarlos es con su propio ejemplo.

1. (A) esto
   (B) éste
   (C) esta
   (D) ésta

2. (A) comparte
   (B) crece
   (C) ahorra
   (D) reparte

3. (A) y
   (B) ni
   (C) o
   (D) e

4. (A) reemplazaba
   (B) reemplazó
   (C) reemplace
   (D) reemplazaría

5. (A) las
   (B) los
   (C) les
   (D) éstos

6. (A) Esté
   (B) Es
   (C) Sea
   (D) Está

7. (A) darlas
   (B) darles
   (C) darlos
   (D) darle

8. (A) Se comunican
   (B) Se comuniquen
   (C) Comuníquense
   (D) Se habrán comunicado

9. (A) las que
   (B) lo que
   (C) quien
   (D) que

10. (A) podrían
    (B) podrán
    (C) puedan
    (D) pueden

11. (A) Les diga
    (B) Dígales
    (C) Les dice
    (D) Les dirá

12. (A) se lo muestra
    (B) se lo muestre
    (C) se lo mostraría
    (D) muéstreselo

13. A) mismo
    (B) mismos
    (C) mismas
    (D) misma

14. (A) Inculque
    (B) Acuda
    (C) Sobre
    (D) Escasee

El arte de leer: Gramática incorrecta

Instrucciones: En las siguientes oraciones, debes elegir la parte que hay que CAMBIAR para que la oración sea gramaticalmente correcta.

1. Si <u>pudiera</u> <u>darle</u> consejos a mi hija, le <u>diría</u> que no <u>se case</u> sin conocer bien a su novio.
      a   b   c   d

2. La pareja que <u>está</u> para <u>casarse</u> busca una casa que <u>es</u> bastante grande con tres o <u>cuatro</u>
              a   b   c   d
alcobas.

3. No me <u>quedaba</u> muchos quehaceres porque Elena me <u>había</u> <u>ayudado</u> <u>por</u> la mañana.
          a   b   c   d

4. Marcos, el flojo, ha estado molesto que ni él y <u>ni</u> sus hermanos <u>tengan</u> menos
                                     a   b
responsabilidades y que no <u>reciben</u> más dinero <u>de</u> sus padres.
                         c   d

5. Mamá, María Elena <u>lava</u> menos platos <u>de</u> <u>yo</u> y cada día pasa <u>lo</u> mismo.
                    a   b c   d

6. ¡<u>Lo</u> importante es que <u>tenemos</u> una relación <u>en la que</u> <u>lo</u> compartamos todo!
    a   b   c   d

7. Si yo <u>compraré</u> estos zapatos marrones <u>que</u> están al lado de <u>los negros</u>, <u>tendrás</u> que
       a   b   c   d
comprar ésos.

8. Cuando Juan y Margarita <u>llamaron</u> a sus hijos, la niñera <u>contestó</u> y <u>les</u> dijo que la tele
                         a   b   c
<u>fue</u> descompuesta.
d

9. ¿<u>Qué</u> hora <u>fue</u> cuando <u>llegó</u> Juan para <u>llevar</u> a Bárbara al cine?
    a   b   c   d

10. ¿No te <u>pareció</u> a ti <u>mejor</u> que <u>llegaron</u> <u>más</u> temprano los padres?
          a   b   c   d

El arte de leer: Lectura

Lectura I

MISERICORDIA — Benito Pérez Galdós

El vértigo de Paquita Juárez fue un estado crónico desde que la casaron, muy joven, con D. Antonio María Zapata, que le doblaba la edad, intendente de ejército, excelente persona, de holgada posición por su casa, como la novia, que también poseía bienes raíces de mucha cuenta. Sirvió Zapata en el ejército de Africa, y pasó a la Dirección del ramo.
5 Establecido el matrimonio en Madrid, le faltó tiempo a la señora para poner su casa en un pie de vida frívola que pronto salió de todo límite de prudencia, y no tardaron en aparecer los atrasos, las irregularidades, las deudas. Hombre ordenadísimo era Zapata pero de tal modo le dominaba su esposa, que hasta le hizo perder sus cualidades eminentes; y el que tan bien supo administrar los caudales del ejército, veía perderse los suyos, olvidado del
10 arte para conservarlos. Tan notorio fue ya el desorden, que Zapata, aterrado, viendo venir el trueno gordo, hubo de vencer la modorra en que su cara mitad le tenía, y se puso a hacer números y a querer establecer método y razón en el gobierno de su hacienda; pero cuando más engolfado estaba el hombre en su aritmética, cogió una pulmonía, y pasó a mejor vida, dejando a dos hijos de corta edad: Antoñito y Obdulia.

1. Doña Paquita sufría de un vértigo sin duda porque
   (A) le faltaba tiempo para producir una vida superficial.
   (B) le tenía miedo a su marido.
   (C) tenía muchas deudas.
   (D) la casaron sus padres con un viejo.

2. Don Antonio fue administrador de . . .
   (A) bienes raíces de importancia.
   (B) su casa matrimonial.
   (C) una empresa madrileña.
   (D) provisiones para el ejército.

3. La vida frívola de doña Paquita produjo . . .
   (A) un vértigo crónico en su marido.
   (B) la dominación de don Antonio.
   (C) problemas financieros.
   (D) mucha popularidad entre sus amigos.

4. A Zapata se le olvidó el arte de conservación porque . . .
   (A) era muy viejo.
   (B) permitió que su esposa lo dominara.
   (C) era un hombre desordenado.
   (D) se asustó y no pudo recordar su aritmética.

5. Cuando por fin decidió ponerle orden a su casa . . .
   (A) se murió.
   (B) pudo controlar los gastos.
   (C) su esposa se lo agradeció.
   (D) dejó a sus dos hijos en casa.

Lectura II

LA FAMILIA DE PASCUAL DUARTE — Camilo José Cela

Era yo de bien corta edad cuando nació mi hermana Rosario. De aquel tiempo guardo un recuerdo confuso y vago y no sé hasta qué punto relataré fielmente lo sucedido; voy a intentarlo sin embargo, pensando que si bien mi relato pueda pecar de impreciso, siempre estará más cerca de la realidad que las figuraciones que, de imaginación y a ojo de buen
5 cubero, pudiera usted hacerse.

Me acuerdo de que hacía calor la tarde en que nació Rosario; debía ser por julio o por agosto. El campo estaba en calma y agostado y las chicharras, con sus sierras, parecían querer limarle los huesos a la tierra; las gentes y las bestias estaban recogidas y el sol, allá en lo alto, como señor de todo, iluminándolo todo, quemándolo todo . . .

10 Los partos de mi madre fueron siempre muy duros y dolorosos; era medio machorra y algo seca y el dolor era en ella superior a sus fuerzas. Como la pobre nunca fue un modelo de virtudes ni de dignidades y como no sabía sufrir y callar, como yo, lo resolvía todo a gritos. Llevaba ya gritando varias horas cuando nació Rosario, porque para colmo de desdichas era de parto lento. Ya lo dice el refrán: mujer de parto lento y con bigote . . . (la segunda
15 parte no la escribo en atención a la muy alta persona a quien estas líneas van dirigidas).

Asistía a mi madre una mujer del pueblo, la señora Engracia, la del cerro, especialista en duelos y partera, medio bruja y un tanto misteriosa, que había llevado consigo unas mixturas que aplicaba en el vientre de mi madre por aplacarle el dolor, pero como ésta, con ungüento o sin él, seguía dando gritos hasta más no poder, a la señora Engracia no se le
20 ocurrió mejor cosa que tacharla de descreída y mala cristiana, y como en aquel momento los gritos de mi madre arreciaban como el vendaval, yo llegué a pensar si no sería cierto que estaba endemoniada. Mi duda poco duró, porque pronto quedó esclarecido que la causa de las desusadas voces había sido mi nueva hermana.

1. ¿Qué actitud tiene el narrador hacia el nacimiento de su hermana?
   (A) Le echa la culpa por haber hecho sufrir a su madre.
   (B) Ya no tiene una opinión fuerte de lo sucedido.
   (C) Lo recuerda con confusión y duda.
   (D) Desea que nunca hubiera ocurrido.

2. ¿A quién se dirige el narrador?
   (A) A una persona de alto oficio.
   (B) A un amigo suyo.
   (C) A su hermana.
   (D) A su madre.

3. El ruido que hacen las chicharras indica . . .
   (A) el nacimiento de Rosario.
   (B) la pobreza de la gente.
   (C) el estado de ánimo del narrador.
   (D) el calor feroz que hacía.

4. ¿Cómo habían sido siempre los partos de la madre?
   (A) Endemoniados y misteriosos.
   (B) Difíciles y de mucho dolor.
   (C) Ruidosos y desagradables.
   (D) Largos y confusos.

5. ¿Cómo era la madre del narrador?
   (A) Una mala cristiana.
   (B) Una mujer altiva y desconfiada.
   (C) Una persona sin mucho orgullo.
   (D) Un modelo de coraje y valentía.

6. ¿Qué papel tiene la señora Engracia en el pueblo?
   (A) Es una especialista médica.
   (B) Es una amiga de las madres embarazadas.
   (C) Es una enfermera importante.
   (D) Es curandera.

Lectura III

El dinero. ¡Cómo lo necesitamos! Y cuanto antes se aprenda a administrarlo, mejor. Hasta los niños más chicos pueden aprender a gastar su dinero y a ahorrar. Si se acostumbran a hacerlo, les será más fácil administrar sus ganancias cuando sean mayores.

El nacimiento de un bebé es un buen momento para evaluar su filosofía personal del
5 dinero. ¿Suele Ud. ir de compras para recompensarse adquiriendo artículos de lujo muy por encima de su presupuesto? ¿O cuenta tanto los centavos que no disfruta con lo que gana? ¿Se ciñe a un presupuesto de acuerdo a sus ingresos? Dicen que no hay mejor profesor que el ejemplo, así que si quiere servir de modelo a sus hijos deberá empezar por organizar su economía.

10 Existen una serie de principios que hay que respetar. No utilice jamás el dinero como soborno o como sustituto del cariño o del tiempo que se les da a los niños. No les diga nunca, por ejemplo: "Si te portas bien, te compro un helado". Hay que ayudar a los niños a comprender que la buena conducta debe ser motivada por el amor, no por el dinero o estará creando un manipulador en potencia.

15 Si es padre o madre soltera, procure que el dinero no se convierta en un motivo de batalla. No cubra de regalos a sus hijos para "comprar" su afecto, y si está luchando por obtener manutención para ellos, no deje que los niños se sientan culpables por ello.

Puede preparar el futuro de un bebé abriéndole una cuenta de ahorros en el momento en que nace. Allí se pueden acumular los cheques de regalo de los parientes, después de
20 adquirir lo esencial para el cuidado del niño.

1. Según el artículo, ¿cuáles son dos actitudes hacia el gasto del dinero?
(A) La de comprar los artículos más caros y la de no disfrutar lo que se gana.
(B) La de gastar más del que se tiene y la de contar cada peso.
(C) La de no divertirse y la de ahorrar más del que se gasta.
(D) La de no administrar bien las finanzas y la de ahorrar cada centavo.

2. Según el artículo, es importante que los padres usen bien el dinero . . .
(A) para que los hijos tengan más opciones en la vida.
(B) para que los padres se recompensen la falta de amor.
(C) para que los niños se comporten bien.
(D) para que los hijos aprendan a administrarlo bien.

3. Según el artículo, ¿por qué es importante que los padres evalúen su filosofía del dinero?
(A) Porque los padres deben aprender a ahorrar y gastar bien.
(B) Porque los padres deben ajustarse a un presupuesto adecuado.
(C) Porque un matrimonio feliz depende de ello.
(D) Porque uno va a ser modelo a sus hijos.

4. ¿Por qué no debe convertirse el dinero en motivo de la buena conducta?

   (A) Porque es posible que los padres se divorcien.

   (B) Porque los hijos intentarán manipular a los padres.

   (C) Porque uno debe enseñarles bien a sus hijos a ahorrar.

   (D) Porque debe estimular a los niños sólo un verdadero afán por los ahorros.

5. ¿Cómo se puede preparar el futuro económico de un niño?

   (A) Abriéndole una cuenta en el banco.

   (B) Procurando que los parientes le den dinero al niño.

   (C) Ahorrando y gastando el dinero del niño.

   (D) Ajustándole a un presupuesto de acuerdo a sus ingresos.

Lectura IV

JARDÍN UMBRÍO — Ramón del Valle-Inclán

Una tarde, mi hermana Antonia me tomó de la mano para llevarme a la Catedral. Antonia tenía muchos años más que yo. Era alta y pálida, con los ojos negros y la sonrisa un poco triste. Murió siendo yo niño. ¡Pero cómo recuerdo su voz y su sonrisa y el hielo de su mano cuando me llevaba por las tardes a la Catedral! . . . Sobre todo, recuerdo sus ojos y la llama
5   luminosa y trágica con que miraban a un estudiante que paseaba en el atrio, embozado en una capa azul. Aquel estudiante a mí me daba miedo. Era alto y cenceño, con cara de muerto y ojos de tigre, unos ojos terribles bajo el entrecejo fino y duro. Para que fuese mayor su semejanza con los muertos, al andar le crujían los huesos de la rodilla. Mi madre le odiaba, y por no verle tenía cerradas las ventanas de nuestra casa, que daban al atrio
10 de las Platerías. Aquella tarde recuerdo que paseaba, como todas las tardes, embozado en su capa azul. Nos alcanzó en la puerta de la Catedral, y sacando por debajo del embozo su mano de esqueleto, tomó agua bendita y se la ofreció a mi hermana, que temblaba. Antonia le dirigió una mirada de súplica, y él murmuró con una sonrisa: <<¡Estoy desesperado!>>

Siguieron algunas tardes de lluvia. El estudiante paseaba en el atrio de la Catedral
15 durante los escampos, pero mi hermana no salía para rezar las Cruces. Yo, algunas veces, mientras estudiaba mi lección en la sala llena con el aroma de las rosas marchitas, entornaba una ventana para verle. Paseaba solo con una sonrisa crispada, y al anochecer su aspecto de muerto era tal, que daba miedo. Yo me retiraba temblando de la ventana, pero seguí viéndole, sin poder aprenderme la lección . . . Maullaba el gato tras de la puerta,
20 y me parecía conformaba su maullido sobre el nombre del estudiante:

¡Máximo Bretal!

1. ¿Cómo era el narrador?

   (A) Era mucho más joven que su hermana.

   (B) Era aficionado a los gatos.

   (C) Era un estudiante precoz.

   (D) Era dependiente de su hermana.

2. ¿Cómo era el estudiante?
  (A) Muy afligido.
  (B) Muy cariñoso.
  (C) Muy terco.
  (D) Muy religioso.

3. ¿Qué pensaba del estudiante la hermana del narrador?
  (A) Le tenía piedad.
  (B) Le parecía desamparado.
  (C) Le tenía miedo.
  (D) Le repugnaba.

4. ¿Qué hacía a veces el narrador mientras estudiaba?
  (A) Se retiraba de miedo de la ventana.
  (B) Olía las rosas muertas.
  (C) Pensaba en como su hermana miraba al estudiante.
  (D) Espiaba al estudiante desde su casa.

5. ¿Por qué asustaba el estudiante al narrador?
  (A) Le miraba con ojos piadosos.
  (B) Se iba escondido bajo una capa azul.
  (C) Tenía aspecto de cadáver.
  (D) El narrador era demasiado joven para tenerle compasión.

6. El narrador creía que la voz del gato . . .
  (A) venía del infierno.
  (B) decía el nombre del estudiante.
  (C) era del estudiante.
  (D) se quejaba de no tener comida.

El arte de escribir: Vocabulario

Instrucciones: Lee el pasaje siguiente. Luego escribe en la línea a continuación de cada número la forma de la palabra entre paréntesis que se necesita para completar el pasaje de manera lógica y correcta. Para recibir crédito, tienes que escribir y acentuar la palabra correctamente. Sólo debes escribir UNA palabra en cada línea. Es posible que la palabra sugerida no requiera cambio alguno. Escribe la palabra en la línea aun cuando no sea necesario ningún cambio.

Sección I

Respecto a las propinas, los expertos aconsejan no condicionarlas al trabajo que __(1)__ los niños en la casa, para que ellos __(2)__ que trabajar es una responsabilidad __(3)__ y que la propina la __(4)__ por __(5)__ parte de la familia, aunque no __(6)__. Pero la mayoría de los padres __(7)__ que su hijo __(8)__ ganarse la propina. Es preferible enseñarles a hacer __(9)__ tareas estimulándolos con premios que no sean __(10)__, como por ejemplo llevándolos al cine, o permitiéndoles __(11)__ más tarde a la cama.

1. _____ (efectuar)
2. _____ (comprender)
3. _____ (familiar)
4. _____ (obtener)
5. _____ (ser)
6. _____ (ayudar)
7. _____ (creer)
8. _____ (deber)
9. _____ (su)
10. _____ (material)
11. _____ (irse)

Sección II

"Me gustaría que la gente __(1)__ que porque tengo el virus no soy diferente a los demás," declara Roy Torres, un puertorriqueño de mirada __(2)__. "__(3)__ en Miami y soy residente en California desde la niñez. __(4)__ 34 años y muchas ganas de __(5)__. Me __(6)__ conocer a muchas personas y ayudar a otros. ¡__(7)__ tantas cosas que quisiera __(8)__! Me __(9)__ estudiar teatro y literatura, pero ahora no puedo. Me __(10)__ mucha actividad". Su voz tiene un dejo de melancolía.

1. _____ (saber)
2. _____ (intenso)
3. _____ (Nacer)
4. _____ (Tener)
5. _____ (vivir)
6. _____ (gustar)
7. _____ (Haber)
8. _____ (hacer)
9. _____ (encantar)
10. _____ (cansar)

El arte de escribir: Verbos

Instrucciones: En cada una de las siguientes oraciones, se ha omitido un verbo. Completa cada oración escribiendo en la línea numerada la forma y el tiempo correctos del verbo entre paréntesis. Es posible que haga falta más de una palabra. En todo caso debes usar un tiempo del verbo entre paréntesis.

Sección I

1. Uds. __(1)__ de reconciliarse lo antes posible.

2. Mientras los niños peleaban, la madre __(2)__ cuenta de que el menor estaba llorando.

3. Pedro __(3)__ de María hace dos años. La conoció en el teatro.

4. __(4)__ nosotros con Ana y vayamos de compras.

5. Mi madre quiere que yo la __(5)__ cada vez que salgo de la casa.

6. Oye, ya no me __(6)__ bien ese tío. Voy a marcharme inmediatamente.

7. La niña entró en la casa y __(7)__ a su hermano.

8. Si tú me __(8)__ una vez más, me iré.

9. __(9)__ celos, Juan se crea problemas.

10. Deseo que mi novio me __(10)__ un anillo de oro.

1. _____ (haber)

2. _____ (darse)

3. _____ (enamorarse)

4. _____ (Salir)

5. _____ (abrazar)

6. _____ (caer)

7. _____ (besar)

8. _____ (insultar)

9. _____ (Tener)

10. _____ (escoger)

Sección II

1. Antonio, no les __(1)__ caso a esos chicos. No son tus verdaderos amigos.

2. Mi madre estaba muy enojada que yo __(2)__ durante la cena.

3. El verano pasado fuimos a la fiesta del aniversario de mis abuelos. Nosotros __(3)__ mucho.

4. Aurelio me dijo que no me mostraría ninguna cortesía a menos que me __(4)__ bien.

5. __(5)__ un helado con alguien especial es, quizá, la mejor manera de enamorarse de veras.

6. Cuando digo algo a expensas de mi mejor amiga, siempre __(6)__ la pata.

7. Diana lo conoció sólo unas semanas y ya le __(7)__ un afecto entrañable y eterno.

8. Yo habría preferido que Tanya no __(8)__ tan chismosa.

9. Cuando toque la última campanada, la pareja se __(9)__ doce veces.

10. Hacía dos días que yo estaba de buen humor, cuando de repente me __(10)__ con el Sr. García Ruñón en la calle Goroztiaga.

1. _____ (hacer)

2. _____ (bostezar)

3. _____ (divertirse)

4. _____ (comportar)

5. _____ (Compartir)

6. _____ (meter)

7. _____ (coger)

8. _____ (ser)

9. _____ (besar)

10. _____ (tropezar)

El arte de escribir: Ensayos

Ensayo I: Lo que hacen nuestros amigos que nos molesta

Los amigos siempre son muy importantes pero muchas veces hacen o dicen cosas que no nos agradan. Describe algunas de esas cosas que personalmente han sido una molestia para ti. Incluye en tu ensayo si es mejor hablarles de estos problemas abiertamente a los amigos o callarlos y aceptarlos tal como son.

Ensayo II: La individualidad y la conformidad

En cualquier sociedad siempre hay cierta presión de conformarse a las normas de la mayoría. También es importante mantener una identidad individual. En un ensayo discute la tensión entre estos dos puntos de conflicto en la sociedad en que te encuentras.

Ensayo III: Las buenas relaciones humanas

Las buenas relaciones con otras personas forman la base de nuestro propio desarrollo individual. Por eso es necesario saber qué no contribuye al desarrollo de estas buenas relaciones. Escribe un ensayo en el que describas cómo algunos elementos pueden destruir esa amistad.

Ensayo IV: La brecha entre generaciones

Siempre hay una brecha entre la generación de los padres y la de los hijos. Describe algo que tus padres te han exigido a ti y que no vas a requerir a tus propios hijos y explica por qué.

_____

_____

_____

_____

Ensayo V: Tradiciones familiares

Hay muchas tradiciones familiares que incluyen la comida. Hay celebraciones como aniversarios y cumpleaños. Hay fiestas durante las vacaciones y días festivos. Muchas veces durante estas celebraciones se observa lo mejor y lo peor de una familia. En un ensayo describe la última celebración familiar a la que asististe. Describe la comida, la conversación, el ambiente y la dinámica familiar.

_____

_____

_____

_____

Ensayo VI: Un homenaje

Un homenaje es un acto que se celebra en honor de alguien. En un homenaje se habla del valor de su vida, de lo que ha contribuido a la vida de otros, y de una anécdota que ilustre la razón por el homenaje. Escribe un homenaje en honor de una persona importante a quien admiras.

_____

_____

_____

_____

Ensayo VII: La jefatura

Cuando estamos con otras personas de nuestra generación es fácil reconocer a los que tienen un don de mando. Escribe un ensayo sobre las características que tienen los de tu edad que son buenos líderes y lo que se le requiere personalmente a uno en puesto de jefatura.

_____

_____

_____

_____

Ensayo VIII: Tu obituario

Cuando te mueras, vas a dejar tras de ti años de éxitos y actos personales. Escribe un obituario en el cual detalles el tipo de homenaje que te gustaría que alguien escribiese sobre tu vida.

_____

_____

_____

_____

Ensayo IX: Lo que es ser padres

Durante varios años has podido observar a tus padres o a los padres de tus amigos. Si pudieras darle consejos a una pareja que está para casarse, ¿qué les dirías sobre lo que comprende la buena paternidad? En un ensayo sugiéreles lo que deben hacer para educar y criar bien a sus hijos.

_____

_____

_____

_____

El arte de hablar: Serie de dibujos

Ahora empieza a pensar en los dibujos.

No me mires que nos miran,
no miran que nos miramos,
miremos que no nos miren
y cuando no nos miren
nos miraremos,
porque si nos miramos
descubrir pueden
que nos amamos.

1

2

3

4

5

6

1

2

3

4

5

6

El arte de hablar: Preguntas y Respuestas

Directions: Now you will be asked to respond to a series of questions. Listen carefully to each question, since your score will be based on your comprehension of the questions, as well as the appropriateness, grammatical accuracy, and pronunciation of your response. You should answer each question as extensively and as fully as possible. If you hear yourself make an error, you should correct the error. If you are still responding when you hear the speaker say, "Now we will go on to the next question," stop speaking and listen. Do not be concerned if your response is incomplete.

Each question will be spoken twice. The questions are not printed in your booklet. In each case, you will have 20 seconds to respond. For each question, wait until you hear the tone signal before you speak. The questions are about best friends.

First you will hear a practice question that will not be scored. Do not record your answer. Here is the practice question.

De tal palo tal astilla

Había un padre y un hijo que eran tan perezosos que el padre le dice al hijo, "Asómate a la puerta para ver si está lloviendo." El hijo le responde, "¿Por qué no llama al perro para ver si entra mojado."

CAPÍTULO X

LA SOCIEDAD

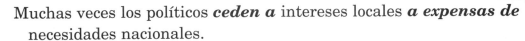

¡¡¡¡¡¡¡¡¡ MODISMOS !!!!!!!!!

José María Aznar **presentó su candidatura para** presidente

en 1996 y ganó las elecciones **a costa de** la oposición.

Muchas veces los políticos **ceden a** intereses locales **a expensas de**
necesidades nacionales.

Cuando murió el presidente Benito Juárez en julio de 1872 todo el país
estuvo de luto.

El candidato **en cierne** acortó su meteórica carrera porque **no tenía
pelos en la lengua** para decir lo que creía y así pisoteó a mucha gente.

JUEGOS DE PALABRAS

El cura siempre me da unas **órdenes** en cierto **orden**
lógico y según los preceptos de su **orden** religiosa.

La comunidad internacional está dispuesta a invertir
mucho **capital** en la **capital** del país.

Cuando los asesinos **intentaron** un **atentado** contra
la vida del presidente la **tentativa** fracasó.

Sucedió un **acontecimiento** mientras otro **suceso acontecía.**
Fue un **espectáculo** singular.

LA SOCIEDAD

El mundo es un pañuelo.

EL GOBIERNO

comité (m)
constitución (f)
derechos civiles
enmienda
gobernador/a
lores (m)
ministro
partidarios
partidos
presidente
reforma
régimen (m)
senador vitalicio

CONTROVERSIAS

asilos de ancianos
censura
clonación (f)
clonar
diversidad (f)
impuestos
inflación (f)
inmigración (f)
intolerancia
libertades (f)
terrorismo

LA POLÍTICA

campaña
candidato/a
dictador
dictadura
dimitir
diplomático/a
elección (f)
global
golpe de estado (m)
negociar
votar

241

EN LA SALA DE UN TRIBUNAL

acusado/a
acusar
convicción (f)
costas procesales
crimen de lesa humana (m)
culpable
defensor (m)
delatar

fiscal
ilegal
inmunidad (f)
inocentes (m, f)
juez (m)
jurídico/a
justicia
justo/a

petición (f)
pleito
procesamiento
proceso
testigos (m, f)
testimonio

LA TECNOLOGÍA

autómatas (m)
contestadora
microcassette (m)
ordenadores (m)
teléfono móvil
videocasetera

OTROS MUNDOS

extranjero/a
extraterrestres
interplanetario/a
marciano/a

LA POLICÍA

LOS LUGARES	LOS CRÍMENES	LOS DEBERES	LOS CRIMINALES	EL PERSONAL
el calabozo	el asalto	arrestar	los asaltadores	los detectives
la cárcel	el asesinato	esposar	los asesinos	los guardias
la celda	el chantaje	interrogar	los carteristas	los inspectores
la comisaría	el desfalco	investigar	los reos	los investigadore
la prisión	el robo	prender		los policías
	el soborno			

LA VIOLENCIA

abusar
acosar
atacar
atropellar
chocar
secuestrar
torturar

DISTURBIOS

huelgas
motín (m)
protestas
sublevación (f)

LAS ARMAS

ametralladoras
disparar un rifle
lanzacohetes (m)
tanques blindados

LA GUERRA

atrocidades horrendas
avance militar (m)
bandos rebeldes
batalla belicosa
capturar al comandante
estar de patrulla
fuerzas aliadas
refugiado/a
rendirse
represalias
tropas

PALABRAS REVUELTAS

daartot — Un acuerdo de paz entre naciones.

oputaí — Una sociedad ideal y perfecta.

tluma — Lo que pagas por un delito.

azanlia — Amistad entre dos naciones.

reigle — Escoger entre candidatos.

Y MÁS

abrogar

abusador/a

abuso

administración (f)

arrendado/a

ataque (m)

cautiverio

choque (m)

ciudadano/a

controlar

declaración (f)

declarar

deportado/a

desaparecido/a

dinastía

dirigentes

dominación (f)

electrónico/a

extradición (f)

genocidio

hacendado/a

héroe (m)

hostil

imponer

intervenir

jefe (m)

oponerse a

pacto

persecución (f)

perseguido/a

precedente (m)

privilegio

procesar

protección (f)

proteger

pueblo

restringir

servicio social

soberanía

sociedad (f)

subsidios

suprimir

territorialidad (f)

tirano/a

velocidad (f)

El arte de escuchar: *Diálogos cortos*

Instrucciones: Ahora vas a escuchar una serie de diálogos. Después de cada diálogo se te harán varias preguntas sobre lo que acabas de escuchar. Para cada pregunta elige la **mejor** respuesta de las cuatro opciones escritas en tu libreta de examen y rellena el óvalo correspondiente en la hoja de respuestas.

NOW GET READY FOR THE DIALOGUE

1. (A) Salió tarde de casa.
   (B) No quiere llegar tarde.
   (C) Su reloj está atrasado.
   (D) Otro policía le paró un poco antes.

2. (A) Por tener una cita con su novia.
   (B) Por acceso de velocidad.
   (C) Por ser antipático y molesto.
   (D) Por tener un velocímetro que no funciona bien.

3. (A) Se resigna a recibirla.
   (B) Se pone súper fastidiado.
   (C) Niega que no tuviera prendidos los faros.
   (D) Dice que la policía lo está acosando.

4. (A) Por qué conducía con un velocímetro descompuesto.
   (B) Por qué no tenía los faros puestos.
   (C) Por qué iba a llegar tarde a una cita importante.
   (D) Por qué le había gritado a la policía.

El arte de escuchar: *Narraciones breves*

Instrucciones: Ahora escucharás una serie de narraciones breves. Después de cada narración se te harán varias preguntas sobre lo que acabas de escuchar. Para cada pregunta elige la mejor respuesta de las cuatro opciones escritas en tu libreta de examen y rellena el óvalo correspondiente en la hoja de respuestas.

NOW GET READY FOR THE NARRATIVE

1. (A) De acciones belicosas entre naciones.
   (B) De un precedente ilegal.
   (C) Del desarrollo de una comunidad mundial.
   (D) De un auto de procesamiento.

2. (A) Senador vitalicio chileno.
   (B) Ex militar chileno.
   (C) Ex Ministro del Interior chileno.
   (D) Jefe de Estado chileno.

3. (A) Crímenes de lesa humanidad.
   (B) Crímenes de abuso domiciliario.
   (C) Crímenes de extradición.
   (D) Crímenes de acciones militares.

4. (A) Que ya es un hombre viejo.
   (B) Que ya no es jefe de gobierno.
   (C) Que Inglaterra y España no tienen enlaces jurídicos internacionales.
   (D) Que la soberanía chilena lo protege.

5. (A) Que el Ministro del Interior debe decidir el destino último de Pinochet.
   (B) Que Pinochet no goza de inmunidad diplomática.
   (C) Que España tiene el derecho de demandar la extradición de Pinochet.
   (D) Que hubo muchas atrocidades cometidas durante la dictadura chilena.

1. ¿Qué pasó en el país?
   (A) Los militares capturaron al presidente.
   (B) Comenzó otra guerra civil.
   (C) Un intento de golpe de estado fracasó.
   (D) Los militares impusieron un toque de queda.

2. ¿Por qué hubo un ataque contra el gobierno?
   (A) Los ricos deseaban otro régimen liberal.
   (B) Los campesinos querían imponer una reforma agraria.
   (C) El vecino país quería atacar el país del reportero.
   (D) La gente del país ya no se fiaba de la administración actual.

3. ¿Por qué ha habido conflictos entre este país y el vecino país?
   (A) Los vecinos empezaron una campaña internacional contra este país.
   (B) Los vecinos recientemente declararon guerra contra este país.
   (C) Los vecinos le quitaron territorio a este país.
   (D) Los vecinos impusieron un toque de queda en todo el país.

4. ¿Qué quería hacer el presidente con las tierras de los hacendados?
   (A) Le habría gustado venderlas.
   (B) Quería que los campesinos las trabajaran.
   (C) Deseaba que su esposa les diera subsidios a los ricos.
   (D) Quería distribuir las tierras entre los campesinos.

5. ¿Por qué es poco popular la esposa del presidente?
   (A) Es una persona de poca convicción moral.
   (B) Ha sido amiga de los trabajadores y presos políticos.
   (C) Es la esposa del presidente.
   (D) Formó un comité que investigaba la seguridad universal de la salud.

6. ¿Por qué no pudieron capturar al presidente y a su esposa?
   (A) El presidente y su esposa estaban en otro país.
   (B) Los militares no habían reunido bastantes tropas.
   (C) El presidente y su esposa ya habían salido del palacio.
   (D) El presidente y su esposa estaban de vacaciones.

7. ¿Qué les pasó a los rebeldes?
   (A) Les quitaron las armas a los rebeldes.
   (B) Los rebeldes fueron arrestados y mandados al calabozo.
   (C) Los rebeldes fueron exterminados por las fuerzas leales al presidente.
   (D) Los rebeldes fueron exiliados al país vecino.

Practicando el Vocabulario

Instrucciones: <u>Ya no se incluye esta parte en el examen de AP. Sin embargo, te la presentamos de práctica.</u> Esta parte consiste en una serie de oraciones incompletas, cada una de las cuales ofrece cuatro posibles opciones para completarlas. Elige la opción más apropiada.

1. A causa de . . . los coches no circulan a una velocidad muy rápida.

    (A) un choque   (C) un farol

    (B) una glorieta   (D) una rueda

2. Después de pasar la salida, el camionero decidió . . . a la izquierda y seguir otro camino.

    (A) alquilar   (C) doblar

    (B) revolver   (D) repasar

3. Las condiciones . . . de la cárcel no amenazaban a ningún prisionero.

    (A) pésimas   (C) sanas

    (B) inocentes   (D) arrepentidas

4. Llena de alegría, la estudiante estaba sonriendo . . .

    (A) tristemente.   (C) dolorosamente.

    (B) dulcemente.   (D) funestamente.

5. La juez entró en la sala del tribunal y todos tuvieron que . . .

    (A) doblarse.   (C) agacharse.

    (B) erguirse.   (D) ponerse de pie.

6. No existe ningún ciudadano que no reconozca al acusado. Aparece diariamente en las noticias; es decir que . . .

    (A) tiene fama.   (C) tiene yeso.

    (B) no tiene prisa.   (D) tiene vendaje.

7. Después de . . . al culpable, los testigos firmaron la declaración.

    (A) delatar   (C) atracar

    (B) mullir   (D) amargar

8. El carterista está . . . en la cárcel por un año.

    (A) preso   (C) libre

    (B) breve   (D) debido

9. Desde fuera de . . . los estudiantes miraban a su profesor. Les sorprendía que estuviera arrestado.

    (A) la década   (C) la cárcel

    (B) el guardia   (D) la traición

10. Ahora no permiten que este chofer lleve . . . de la Academia de Conducir en su chaqueta.

    (A) la presa   (C) el robo

    (B) el lema   (D) el cargo

Practicando la Gramática

Instrucciones: <u>Ya no se incluye esta parte en el examen de AP. Sin embargo, te la presentamos de práctica</u>. En esta parte, debes elegir la palabra o frase que completa la oración correctamente.

1. Buenas tardes, señora policía. ¿Qué . . . de nuevo?
    (A) hay   (C) hubiera
    (B) había   (D) habrá

2. Hubo un accidente anoche a las seis, y había mucha gente en la calle. ¿No . . . sabía?
    (A) los   (C) la
    (B) lo   (D) le

3. Tenía mucha prisa y no me . . . cuenta de la velocidad.
    (A) daré   (C) doy
    (B) daría   (D) di

4. Ud. tiene mucho que decir, señor. Vamos ahora a la estación de policía. . . . todo al agente de policía.
    (A) Explícaselo   (C) Explíqueselo
    (B) Está Ud. explicándoselo   (D) Se lo explique

5. No sé qué va a hacer el juez en el tribunal. ¿Te . . . una multa mañana?
    (A) ha impuesto   (C) imponga
    (B) impuso   (D) impondrá

6. A pesar . . . todos los problemas, se ha controlado la inflación.
    (A) de   (C) en
    (B) por   (D) con

7. Hace dos años que el gobierno . . . una reforma agraria.
    (A) sugeriría   (C) sugiriera
    (B) sugerirá   (D) sugirió

8. Los militares salieron del palacio a las cinco . . . la mañana.
    (A) por   (C) de
    (B) a   (D) para

9. El jefe descubrió que los empleados ya . . .
    (A) se han marchado.   (C) se marcharán.
    (B) se habían marchado.   (D) se marchan.

10. Es una lástima que hayan salido. Me hubiera gustado . . . adiós.
    (A) les dicen   (C) decirles
    (B) diciéndoles   (D) les han dicho

El arte de leer: Vocabulario y Gramática

Instrucciones: En cada uno de los siguientes pasajes se encuentran espacios en blanco donde se han omitido palabras o frases. Cada espacio en blanco tiene cuatro posibles opciones para completarlo, de las cuales sólo una es correcta.

Primero lee el pasaje rápidamente para determinar la idea general. Después léelo de nuevo detenidamente. Para cada espacio en blanco, elige la opción más apropiada de acuerdo al contexto del pasaje y rellena el óvalo correspondiente en la hoja de respuestas.

Sección I

__(1)__ Ud. a la nueva tienda "Triangutecno". Esperamos que __(2)__ aun más de su agrado. Nuestros compradores se han esforzado para __(3)__ los mejores precios. Pague en efectivo o con tarjeta de crédito. Su __(4)__ llegará a su __(5)__ en dos días o menos. Vamos a enseñarle la variedad de productos a la venta:

TRITURADOR DE PAPEL: Acaba con papeles de hasta 5 pulgadas de __(6)__ y __(7)__ detector automático.

CAJA FUERTE: Fabricada con un sistema de seguridad de combinación y cerradura. Está __(8)__ en dos modelos para que __(9)__ de mueble elegante.

CONTESTADORA "DON ALTAVOZ": ¿ __(10)__ una llamada que no quiera perder nunca? ¿Una voz suave y rica? Puede grabar con el sistema de dos microcassettes y se incluye un control remoto.

VIDEOCASETERA Y REGRESADORA: La primera se adapta a todos los canales automáticamente. __(11)__ protege las cintas. (*Para formato VHS solamente.*)

Y si piensa en el verano y la comida cocinada al aire libre, ¿por qué no se compra un ASADOR DE GAS? No es necesario atenderlo de pie. ¡__(12)__ en su mueble nuevo para patio! ¡Quizás en un camastro con cojín! __(13)__ el doble sistema de __(14)__ con control remoto desde lejos. Si goza del sabor del carbón, __(15)__ Ud. piedras volcánicas.

Nos encanta cuidar todos los detalles. ¡Satisfacción garantizada! ¡Mejores precios y mejores marcas! ¡__(16)__ simple como una llamada telefónica!

1. (A) Venga (B) Viene (C) Ven (D) Vendría	**4.** (A) pedido (B) ballena (C) huella (D) matasellos	**7.** (A) arriesga (B) cuenta con (C) se encuera (D) trata de	**10.** (A) Ha recibido (B) Haya recibido (C) Reciba (D) Recibiese
2. (A) ser (B) sea (C) fue (D) será	**5.** (A) madrugada (B) lujo (C) domicilio (D) rastro	**8.** (A) cumplida (B) disponible (C) tenaz (D) arrugada	**11.** (A) Aquella (B) Ésa (C) Ésta (D) Eso
3. (A) merendar (B) narrar (C) negociar (D) festejar	**6.** (A) valija (B) tirano (C) clave (D) ancho	**9.** (A) servir (B) sirve (C) sirva (D) sirviendo	**12.** (A) Se sienta (B) Está sentándose (C) Siéntese (D) Te sientas

13. (A) Tienda
(B) Encienda
(C) Despache
(D) Mande

14. (A) latas
(B) gorras
(C) hornillas
(D) pañales

15. (A) utilice
(B) utiliza
(C) había
utilizado
(D) habría
utilizado

16. (A) Tanto
(B) Tan
(C) Más
(D) Peor

Sección II

Una Gasolinera en el Planeta Rojo

Al igual que un conductor va __(1)__ combustible al realizar un largo viaje en automóvil, la NASA pretende que las naves __(2)__ que __(3)__ a Marte no lleven __(4)__ el combustible de vuelta, ya que ocuparía un volumen enorme y disparería el coste del viaje. La solución consiste en repostar allí. Los elegidos para la gloria deberán dedicar buena parte de su estancia a construir una factoría química para procesar los materiales del suelo y de la atmósfera de Marte con __(5)__ producir no sólo el combustible, __(6)__ también el oxígeno necesario para sobrevivir allí. Previamente, __(7)__ esta posibilidad en los viajes robotizados previstos. Así, entre los objetivos de la misión Surveyor 2001 se encuentra la obtención de oxígeno mediante unas células de óxido de circonio especialmente __(8)__ para ello.

En el Ames Research Center de la NASA se __(9)__ distintos medios para obtener metano y oxígeno líquido __(10)__ los materiales disponibles allí. También trabajan en el tema la Universidad de Washington, que está desarrollando un aparato para extraer agua de la atmósfera de Marte, y la de Arizona. Pero el más prometedor sistema es __(11)__ ha desarrollado la empresa Pioneer Astronautics, el RWGS, capaz de combinar el dióxido de carbono con hidrógeno para producir monóxido de carbono y agua.

1. (A) operando
(B) repostando
(C) frecuentando
(D) desconcertando

2. (A) tripuladas
(B) desastradas
(C) reclamadas
(D) estremecidas

3. (A) irán
(B) vayan
(C) irían
(D) van

4. (A) con él
(B) con ella
(C) consigo
(D) ello

5. (A) ellos que
(B) las que
(C) lo que
(D) los que

6. (A) sino
(B) excepto
(C) sino que
(D) salvo

7. (A) se hubiera ensayado
(B) se ha estado
ensayando
(C) se había ensayado
(D) se haya ensayado

8. (A) preparado
(B) preparadas
(C) preparados
(D) preparada

9. (A) estudiará
(B) estudian
(C) ha estudiado
(D) hayan estudiado

10. (A) al lado de
(B) a través de
(C) a partir de
(D) encima de

11. (A) la que
(B) el que
(C) la cual
(D) lo cual

El arte de leer: Gramática incorrecta

Instrucciones: En las siguientes oraciones, debes elegir la parte que hay que CAMBIAR para que la oración sea gramaticalmente correcta.

1. Los acusados <u>eran</u> sorprendidos <u>por</u> la policía y no <u>pudieron</u> contestar <u>coherentemente</u>.
            a   b   c   d

2. Los desfalcadores no <u>pudieron</u> hallar <u>ningunas escapatorias</u> para <u>sus</u> nefastas fechorías
                       a   b   c
en la ley <u>recién</u> aprobada.
           d

3. Después que <u>sucedió</u> el motín, el gobernador del estado <u>era</u> el primero <u>en</u> llegar para
            a   b   c
investigar <u>los</u> orígenes de los disturbios.
           d

4. La mujer <u>había</u> dejado <u>su</u> ordenador <u>encendida</u> <u>por</u> toda la noche.
            a   b   c   d

5. Mi tío Estéban, <u>quien</u> es <u>una</u> policía importante, quiere que yo <u>le</u> <u>escriba</u> una carta.
                a   b   c   d

6. La reunión <u>estará</u> <u>el</u> martes y los testigos tienen que dar <u>su</u> testimonio con <u>mucho</u> detalle.
          a   b   c   d

7. Si <u>aquel</u> especialista trabajara aquí, <u>compraremos</u> uno de <u>esos</u> ordenadores que lo <u>hacen</u>
     a   b   c   d
todo.

8. Dolores, si pierdes <u>tus</u> tarjetas de crédito, <u>tendrías</u> que llamar a los bancos <u>y</u> a las
                   a   b   c
tiendas <u>donde</u> tienes cuentas.
        d

9. La microcomputadora tiene <u>demasiado</u> teclas, y <u>lo</u> difícil <u>es</u> que no <u>las</u> entiendo.
                      a   b   c   d

10. El gobierno <u>quería</u> que mi primo <u>fuera</u> a la guerra. Así que "el exiliado" <u>se fue</u> de los
          a   b   c
EE. UU. y <u>se acostumbraba</u> a la vida canadiense.
       d

El arte de leer: Lectura

Lectura I

Al terminar la guerra recobró poco a poco la ciudad (de París) su antiguo aspecto. Empezaron a volver a ella los vecinos huidos, y los que habían soportado durante más de cuatro años la dominación extranjera les relataban sus miserias.

5 Regresaron también en pequeños grupos los que fueron deportados al interior de Alemania, pero su número había disminuido durante la esclavitud. Eran muchos los que se quedaban para siempre en las entrañas de aquella tierra aborrecida y hostil.

Entre tantas desgracias, representaba una alegría para la ciudad la certeza de que Simoulin, <<nuestro poeta>>, no había muerto. Es más; al principio, los enemigos lo habían tratado sin ninguna consideración; pero el mérito no puede permanecer mucho 10 tiempo en la obscuridad, y cierto profesor alemán que había sostenido en otro tiempo correspondencia con el gran hombre sobre hallazgos arqueológicos, al saberle prisionero, consiguió trasladarlo a su ciudad alemana, haciéndole más llevadero el cautiverio. El poeta hizo partícipe de esta buena suerte al comandante, en su calidad de numismático, y para los dos transcurrió el período de cautiverio en una dependencia humillante pero 15 soportable.

La ciudad, a pesar de sus recientes tristezas, hizo grandes preparativos para recibir a Simoulin a su vuelta de Alemania. Ya era algo más que un gran poeta, gloria de su país adoptivo; había pasado a convertirse en héroe, digno de servir de ejemplo a las generaciones futuras. Cuando tantos huían, él continuaba en su puesto, y el brillo de su 20 gloria era tal, que los feroces enemigos habían acabado por respetarlo, tratándole casi con tanta admiración como sus convecinos.

1. No regresaron a París muchos deportados porque
(A) murieron en Alemania.
(B) decidieron quedarse en Alemania.
(C) se mudaron a otros países.
(D) huyeron a Alemania.

2. ¿A quiénes les contaban sus historias tristes los que quedaron en París?
(A) Les relataron sus cuentos a los alemanes.
(B) Contaban sus miserias entre sí.
(C) Se las explicaban al poeta Simoulin.
(D) Se las decían a los que regresaban de Alemania.

3. Un elemento de esperanza durante la guerra fue
(A) la alegría de la ciudad.
(B) la conducta del poeta en la ciudad.
(C) la correspondencia arqueológica de Simoulin.
(D) la vuelta del poeta Simoulin.

4. Durante la guerra el poeta se aprovechó
(A) de su fama para conseguir consideraciones especiales.
(B) del hecho que se quedó en su puesto y no huyó con los demás.
(C) de la ayuda de un profesor alemán que se había acordado de él.
(D) de las fuerzas alemanas, lo que produjo una relación incómoda pero agradable.

5. El profesor alemán ayudó a Simoulin porque
(A) había leído su poesía.
(B) le había correspondido en otra época.
(C) había oído que todavía estaba en Paris.
(D) sabía que era numismático.

6. ¿Por qué se convirtió en héroe Simoulin?
(A) Sus aprehensores le trataban con mucho respeto.
(B) No salió con los demás cuando llegaron los alemanes.
(C) Escribió poemas de tanto brillo y verdad.
(D) Volvió de Alemania con mucha holgura.

Lectura II

Matar un ruiseñor – por Harper Lee

Cuando se acercaba a los trece años, mi hermano Jem sufrió una peligrosa fractura del brazo, a la altura del codo. Cuando sanó y sus temores de que jamás podría volver a jugar al fútbol se mitigaron, raras veces se acordaba de aquel percance. El brazo izquierdo le quedó algo más corto que el derecho; si estaba de pie o andaba, el dorso de la mano formaba
5 ángulo recto con el cuerpo, el pulgar rozaba el muslo. A Jem no podía preocuparle menos, con tal de que pudiera pasar y chutar.

Cuando hubieron transcurrido años suficientes para examinarlos con mirada retrospectiva, a veces discutíamos los acontecimientos que condujeron a aquel accidente. Yo sostengo que Ewells fue la causa primera de todo ello, pero Jem, que tenía cuatro años
10 más que yo, decía que aquello empezó mucho antes. Afirmaba que empezó el verano que Dill vino a vernos, cuando nos hizo concebir por primera vez la idea de hacer salir a Boo Radley.

Yo replicaba que, puestos a mirar las cosas con tanta perspectiva, todo empezó en realidad con Andrew Jackson. Si el general Jackson no hubiera perseguido a los indios creek valle
15 arriba, Simon Finch nunca hubiera llegado a Alabama. ¿Dónde estaríamos nosotros entonces?

Como no teníamos ya edad para terminar la discusión a puñetazos, decidimos consultar a Atticus. Nuestro padre dijo que ambos teníamos razón.

Siendo del Sur, constituía un motivo de vergüenza para algunos miembros de la familia el
20 hecho que no constara que habíamos tenido antepasados en uno de los dos bandos de la Batalla de Hastíngs. No teníamos más que a Simon Finch, un boticario y peletero de Cornwall, cuya piedad sólo cedía el puesto a su tacañería. En Inglaterra, a Simon le irritaba la persecución de los sedicentes metodistas a manos de sus hermanos más liberales, y como Simon se daba el nombre de metodista, surcó el Atlántico hasta
25 Filadelfia, de ahí pasó a Jamaica, de ahí a Mobile y de ahí subió a Saint Stephens. Teniendo bien presentes las estrictas normas de John Wesley sobre el uso de muchas palabras al vender y al comprar, Simon amasó una buena suma ejerciendo la Medicina, pero en este empeño fue desdichado por haber cedido a la tensión de hacer algo que no fuera para la mayor gloria de Dios, como por ejemplo, acumular oro y otras riquezas. Así,
30 habiendo olvidado lo dicho por su maestro acerca de la posesión de instrumentos humanos, compró tres esclavos y con su ayuda fundó una heredad a orillas del río Alabama, a unas cuarenta millas más arriba de Saint Stephens. Volvió a Saint Stephens una sola vez, a buscar esposa, y con ésta estableció una dinastía que empezó con un buen número de hijas. Simon vivió hasta una edad impresionante y murió rico.

1. ¿Qué actitud tenía el narrador cuando discutían la causa de la fractura?

    (A) Una actitud frívola.

    (B) Una actitud contemplativa.

    (C) Una actitud satírica.

    (D) Una actitud irónica.

2. Podían resolver su discusión con las maneras que siguen MENOS . . .

    (A) una pelea.

    (B) hablar con alguien enterado.

    (C) un entendimiento de la historia.

    (D) la madurez.

3. Simon Finch era un hombre . . .

    (A) en el buen sentido de la palabra muy religioso.

    (B) generoso.

    (C) desafortunado.

    (D) astuto.

4. El tono de este trozo: "Teniendo bien presentes las estrictas normas de John Wesley sobre el uso de muchas palabras al vender y al comprar" es . . .

    (A) sarcástico.

    (B) serio.

    (C) filosófico.

    (D) didáctico.

5. En esta lectura se destaca el tema de . . .

    (A) la medicina.

    (B) la religión.

    (C) las aventuras.

    (D) la ascendencia.

El arte de escribir: Vocabulario

Sección I

Desnudos ante las compañías de seguros

Las compañías de seguros podrán conocerlo todo sobre sus clientes. Sobre los suyos y sobre los de la competencia. Nadie podrá escapar. El Partido Popular ha introducido en la nueva Ley de Protección de Datos, en su fase final de tramitación parlamentaria, una enmienda en la que permite lo que ni los bancos ni otras empresas, ni siquiera la Administración Pública, __(1)__ hacer: el cruce del historial de sus clientes entre __(2)__ las aseguradoras. Con esto, las compañías de seguros consiguen lo que llevan __(3)__ durante años por sucesivos vericuetos legales, aunque sin éxito hasta ahora.

Quienes tengan un seguro, __(4)__, de esta manera, __(5)__ de estos ficheros y se verán condenados al pago de las primas que todas las aseguradoras tienen para cada perfil.

El primer campo a __(6)__ sería el de seguros de automóviles. Un porcentaje muy alto de asegurados cambian cada año de compañía, según datos de la patronal del seguro. Los clientes suelen huir de un incremento de la prima en su aseguradora y buscan una con un precio mejor en la competencia. Pero el problema para las aseguradoras (y la ventaja para el asegurado) __(7)__ que la nueva compañía no conoce el historial de su nuevo cliente, con lo que le aplica una prima más barata que la que __(8)__ realmente la aseguradora.

1. _____ (poder)

2. _____ (todo)

3. _____ (perseguir)

4. _____ (quedar)

5. _____ (cautivo)

6. _____ (aplicar)

7. _____ (ser)

8. _____ (pretender)

Sección II

Riesgos para la diversidad

Harry Griffin dice que, si se extiende mucho la práctica de clonar animales, __(1)__ reducir la diversidad biológica, pero matiza que aún falta mucho para eso y que hay tiempo de sobra para __(2)__ medidas.

El científico menciona que el Ministerio de Agricultura británico __(3)__ un informe que concluye que, si la clonación llega a ser eficiente para vacuno y porcino, tendrían que identificarse primero cuáles son las buenas prácticas para garantizar que se __(4)__ lo __(5)__ el bienestar de los animales, así como para determinar el número de copias que del mismo animal se podrían producir. "Nosotros __(6)__ que pasarán muchos años antes de que las técnicas sean suficientemente __(7)__ como para tener también una eficiencia de costes", opina el bioquímico.

Griffin recuerda que los que se dedican a la cría de animales ya están __(8)__ con los problemas de la cría limitada, porque tienden a utilizar siempre los mismos animales, como los sementales, que pueden producir 10.000 hijos. También señala que los japoneses están entusiasmados con la idea de clonar __(9)__ ovino, entusiasmo que no comparte. "Es un uso de un valor muy moderado para la tecnología; lo interesante son los animales genéticamente __(10)__", afirma.

1. _____ (poder)

2. _____ (tomar)

3. _____ (realizar)

4. _____ (alterar)

5. _____ (mínimo)

6. _____ (ver)

7. _____ (eficiente)

8. _____ (familiarizado)

9. _____ (ganado)

10. _____ (modificado)

El arte de escribir: Verbos

Sección I

1. Para __(1)__ mejor los avances tecnológicos de hoy, es importante leer las revistas científicas.

   1. _____ (entender)

2. __(2)__ interrogado a todos los testigos, la policía salió para la comisaría.

   2. _____ (Haber)

3. No hay ningún conflicto en este mundo que __(3)__ tan grande.

   3. _____ (ser)

4. Después de que Uds. __(4)__ el problema de la seguridad social, váyanse en seguida.

   4. _____ (discutir)

5. La guerra civil no terminó hasta que __(5)__ el régimen.

   5. _____ (intervenir)

6. ¿ __(6)__ los marcianos al espacio interplanetario cuando llegaron los investigadores?

   6. _____ (Volver)

7. El peatón estaba cruzando la calle cuando un camión lo __(7)__.

   7. _____ (atropellar)

8. __(8)__ en la libertad de expresión, los rebeldes han creado un periódico para las masas.

   8. _____ (Pensar)

9. Ojalá que dentro de poco los médicos __(9)__ las enfermedades más graves de nuestro mundo.

   9. _____ (impedir)

10. Para poder __(10)__ más avances en el campo de la ciencia, son importantes los estudios.

    10. _____ (descubrir)

Sección II

1. Es contra la ley __(1)__ los derechos civiles de otros.

2. Será una lástima que el representante no __(2)__ su candidatura otra vez.

3. Hace un mes que los dos candidatos todavía __(3)__ una sucia campaña.

4. El presidente siguió __(4)__ a subir los impuestos.

5. Cuando sea el día de las elecciones el candidato del otro partido ya __(5)__ las indiscreciones de su perdida juventud.

6. Nuestro querido alcalde todavía no __(6)__ bastante dinero para la campaña.

7. Le recomendaría al político que le __(7)__ dinero a alguna estrella de cine.

8. El año pasado el candidato insistía que el senador __(8)__.

9. Votaré por el senador actual si el otro candidato __(9)__ insistiendo en un toque de queda.

10. Y cuando la senadora y los suyos __(10)__ al poder veremos nuevas leyes a favor de los derechos civiles.

1. _____ (restringir)

2. _____ (declarar)

3. _____ (conducir)

4. _____ (oponerse)

5. _____ (suprimir)

6. _____ (reunir)

7. _____ (pedir)

8. _____ (dimitir)

9. _____ (seguir)

10. _____ (ascender)

El arte de escribir: Ensayos

Ensayo I: La primera enmienda

La primera enmienda de la Constitución de los Estados Unidos garantiza los derechos a la libertad de palabra y de prensa. Generalmente se entiende por esta enmienda el derecho a decir o escribir lo que uno piensa sin miedo a represalias o censura. Una de las cuestiones de hoy en día es hasta qué punto las personas en puestos públicos tienen el derecho a proteger su vida privada. Escribe un ensayo desde el punto de vista del presidente de un país contra el deseo de la prensa que quiere saber todo acerca de su vida.

Ensayo II: La utopía

A través de los siglos se ha intentado desarrollar la comunidad perfecta. Ha habido intentos religiosos, políticos y económicos. En un ensayo escribe sobre las posibilidades y las dificultades de fundar tal sociedad.

Ensayo III: Las responsabilidades adultas

Mientras crecemos, esperamos el día cuando lleguemos a la mayoría de edad. Cuando lleguemos, tendremos más responsabilidades: responsabilidades ante la ley, por supuesto, y posiblemente con respecto a otras personas y el desarrollo de nosotros mismos. Describe estas responsabilidades y si tendrás problemas con su cumplimiento.

Ensayo IV: La intolerancia

Se dice que la intolerancia es la base de conflictos pequeños y globales entre países, individuos y razas. Escoge un ejemplo de la intolerancia sea a nivel personal o global y discútelo explorando sus raíces y posibles soluciones.

_____

_____

_____

_____

El arte de hablar: Serie de dibujos

Directions: You will now be asked to speak in Spanish about these pictures. Note that there are six pictures on the two pages. First you will hear some instructions in Spanish. After these instructions, you will have two minutes to think about the pictures and two minutes to tell the story suggested by the pictures. Although you may spend more time describing what happens in some pictures than in others, you should try to talk about all of the pictures as you tell the story. No tone will sound between pictures. Move directly from one picture to the next. In describing the pictures and the story they tell, you should use as much of the response time as possible. You will be scored not only for the appropriateness and grammatical correctness of your response, but also for your range of vocabulary, pronunciation, and overall fluency. If you hear yourself make an error as you are speaking, you should correct the error. Do not start your tape recorder until you are told to do so.

Instrucciones: Los dibujos que tú ves representan un cuento. Utilizando los dibujos, interpreta y reconstruye esta historia. Tu nota se basará no sólo en tu precisión gramatical sino también en la amplitud de tu vocabulario, tu claridad y tu fluidez.

Ahora empieza a pensar en los dibujos.

Hay Cilicia y Cecilia, Sicilia, Silecia y Seleucia.

1

2

3

4

5

6

1

2

3

4

5

6

El arte de hablar: Preguntas y Respuestas

Hay un Rey que sale a recibir a su pueblo que lo aclama. Después de saludar a su pueblo el rey les dice, "Pueblo, Pueblo, tengo dos noticias. Una buena y una mala. ¿Cuál quieren oír primero?" La gente le responde, "La mala." "La mala noticia es que se cobrarán impuestos por cada vez que respiren." "¿Y la buena noticia?" "La buena noticia es que el que no respire no pagará impuestos."